AS EQUILIBRISTAS

Bruna Gasgon
AS EQUILIBRISTAS

Para você, mulher, que se equilibra na
difícil e maravilhosa Tripla Jornada

AS EQUILIBRISTAS
PARA VOCÊ, MULHER, QUE SE EQUILIBRA NA
DIFÍCIL E MARAVILHOSA TRIPLA JORNADA

Copyright © 2012 by Bruna Gasgon

1ª edição – Abril de 2012

Grafia atualizada segundo o Acordo Ortográfico da Língua Portuguesa de 1990, que entrou em vigor no Brasil em 2009.

Editor e Publisher
Luiz Fernando Emediato

Diretora Editorial
Fernanda Emediato

Produtor Editorial
Paulo Schmidt

Assistente Editorial
Diego Perandré

Capa e Ilustração
Osvaldo Pavanelli

Projeto Gráfico
Alan Maia

Diagramação
Kauan Sales

Preparação de Texto
Gabriel Senador Kwak

Revisão
Ana Maria Fiorini

DADOS INTERNACIONAIS DE CATALOGAÇÃO NA PUBLICAÇÃO (CIP)
(Câmara Brasileira do Livro, SP, Brasil)

Gasgon, Bruna
As equilibristas : Para você, mulher, que se equilibra na difícil e maravilhosa tripla jornada. / Bruna Gasgon. --
São Paulo : Jardim dos Livros, 2012. --
(Mulheres no comando)

ISBN 978-85-63420-14-5

1. Mulheres - Comportamento 2. Mulheres - Condições sociais 3. Mulheres - Conduta de vida 4. Mulheres - Direitos 5. Mulheres - Psicologia 6. Mulheres - Saúde 7. Mulheres - Trabalho 8. Relações afetivas I. Título.

12-02604   CDD: 155.633

Índices para catálogo sistemático

1. Mulheres : Psicologia   155.633
2. Psicologia feminina   155.633

JARDIM DOS LIVROS

Rua Gomes Freire, 225/229 – Lapa
CEP: 05075-010 – São Paulo – SP
Telefax.: +55 11 3256-4444
Email: jardimlivros@terra.com.br
www.geracaoeditorial.com.br

2012
Impresso no Brasil
Printed in Brazil

Para quatro mulheres equilibristas que admiro muito: minha incrível irmã Suely, a maravilhosa Dra. Thaís, a guerreira Liza e minha queridíssima amiga Vera.

SUMÁRIO

PREFÁCIO 11

1. A Equilibrista e a Prisão de Ventre 15

2. Mil e uma tarefas para se equilibrar 29

3. Sensação de Débito 49

4. As conquistas da mulher são impressionantes. Os problemas do coração também 57

5. A libido e a Tripla Jornada 71

6. Inversão de papéis 79

7. Quando a mulher está fora, a família
   precisa de Manual de Sobrevivência 91

8. Violência Doméstica 95

9. A Quarta Jornada 145

10. A absurda Cronologia do Direito Feminino...149

CONCLUSÃO:
   Mulheres são seres muito especiais,
   mas têm um grande defeito.......................163

PREFÁCIO

Querida leitora, o termo "Dupla Jornada" tem sido muito discutido nas últimas décadas, por causa das múltiplas atividades da mulher entre o trabalho e a família.

Mas a família vive onde? Em uma casa, em um apartamento, enfim, em um lar, que é administrado pela mulher em todos os sentidos.

Por essa razão eu prefiro dizer "Tripla Jornada" em vez de Dupla. E dei o nome de *As Equilibristas* para esse livro, por razões óbvias.

Em meu livro *A Bela Adormecida Acordou*, eu falo das mulheres que desde o nascimento eram preparadas somente para casar, ter filhos e cuidar da casa. Trabalhar fora nem pensar, e, ainda que não tivessem uma carreira profissional, não era fácil essa missão, como não é ainda hoje para aquelas que, por opção ou pressão, se dedicam somente ao marido, aos filhos e a casa.

Quero tratar nesse livro da cronologia das conquistas da mulher e de todos os benefícios e transtornos que a Tripla Jornada acabou por trazer a sua vida. Os desdobramentos e sacrifícios são muitos, independentemente da classe social, da escolaridade e da profissão da mulher, que na maioria das vezes faz tudo sem auxílio algum e em situações de violência.

Na verdade, não importa se você é executiva de uma grande empresa e cuida de sua casa e de sua família com a colaboração de auxiliares domésticas, ou se você é diarista e também cuida de sua casa e de sua família, mas sozinha.

Todas as mulheres que se equilibram nessas três funções têm responsabilidades enormes, uma carga absurda de tarefas, problemas emocionais incríveis, obstáculos dificílimos, preconceitos inacreditáveis e não são valorizadas pelo que fazem.

É como se fosse uma "obrigação" fazer tudo muito bem feito sem reclamar, já que optaram por casar, ter filhos e trabalhar fora.

Sabemos que não é possível assumir essas três jornadas e todas estarem sempre em harmonia. Isso é impossível!

Então, a mulher moderna traz uma carga de culpa muito grande, pois, se está bem na carreira, com toda certeza algum dia teve que deixar um filho doente em casa com a sogra, a mãe ou a empregada e sair correndo para o escritório, consultório, fábrica, loja ou casa de família.

Se, por outro lado, fica com o filho que pede sua presença e então falta ao trabalho, ou mesmo para de trabalhar por causa dele, a sensação de perda, culpa e de que vai "ficar para trás" é enorme.

E, se deu conta do trabalho, conseguiu ficar com o filho doente, mas deixou a casa ou o marido em segundo plano, lá vem a culpa novamente.

Não tem saída, estará sempre encarcerada e dominada pela sensação de que deixou algo incompleto, qualquer que seja a situação.

Não conseguindo ser a Equilibrista perfeita que gostaria, vai ficar "desequilibrada". E haja terapia.

Isso para as que podem pagar, ok?

Pretendo nesse livro ir fundo nessas questões, não só no intuito de trazê-las à luz para as mulheres que nesse momento estão vivendo a Tripla Jornada, como para aquelas que já viveram. E também para dar uma panorâmica do assunto para mulheres que sabem que um dia estarão se equilibrando nessa situação.

E fique atenta, cara leitora, pois vou informar em detalhes quais são seus direitos e como as Leis podem protegê-la.

Vamos falar abertamente?

BRUNA GASGON

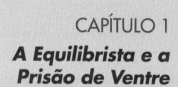

CAPÍTULO 1
A Equilibrista e a Prisão de Ventre

Você já reparou que homem praticamente não tem prisão de ventre? Não se trata de um assunto escatológico, mas sim de saúde.

Pesquisas comprovam que a prisão de ventre é mais comum nas mulheres, entre outras coisas por causa da Tripla Jornada. Você não sabia?

Vamos falar de uma situação muito comum, quase corriqueira na vida de uma mulher que tem Tripla Jornada.

Ela acorda pela manhã com vontade de ir ao banheiro, só que antes precisa acordar os filhos para irem à escola, então ela "segura" a vontade. Os filhos se levantam e ela se dirige ao banheiro, quando o marido a chama perguntando onde está a camisa azul clara, então ela "segura" e vai pegar tal a camisa.

Novamente ela toma o caminho do banheiro, quando toca a campainha e a empregada chega. Ela vai abrir a porta, dar as instruções do dia, então "segura" mais uma vez. Quando finalmente decide ir ao banheiro percebe que não dará mais tempo, pois ainda tem que tomar banho, se arrumar para o trabalho, tomar o café da manhã, além de supervisionar a saída dos filhos e do marido.

Então ela "segura" outra vez e decide ir ao banheiro logo que chegar ao trabalho. Esse é o maior erro que ela comete, pois no trabalho jamais terá tempo de fazer o que precisa com calma, privacidade e higiene. Na verdade, mulher não gosta de usar banheiros coletivos, não é mesmo?

Então vai "segurar" o dia todo, pensando que assim que voltar para casa no final do dia a primeira coisa que fará será ir ao banheiro com tranquilidade.

Porém, quando chegar em casa, um dos filhos vai solicitar alguma coisa, a empregada estará de saída e precisará lhe passar os acontecimentos do dia, a correspondência deverá ser checada, o telefone tocará, e ela continuará "segurando".

Aí o marido chega, ela lhe dá atenção, vai ouvi-lo contar alguma coisa que aconteceu no escritório, diz o que terão para o jantar, e fica "segurando".

Depois de tudo isso, quando chegar ao banheiro, perceberá que a vontade passou, ou melhor, o intestino "travou", e, por mais esforço que faça, não conseguirá nenhum resultado. E isso se repetirá no dia seguinte, e no outro, e a semana toda. Está instalada a Prisão de Ventre.

O intestino resseca quando não é obedecido nos momentos em que nos chama, e então a prisão de ventre começa na vida da mulher. E o "esforço" que fará para resolver essa questão poderá até lhe provocar hemorroidas.

Por essa razão é tão comum a mulher que tem prisão de ventre ter a probabilidade de ter hemorroidas. Entendeu? Sei que entendeu.

A partir daí, a sensação de inchaço e desconforto serão enormes.

Fora o mau humor.

Homens não passam por esses problemas, pois dão total prioridade a seus intestinos e não são tão criteriosos como as mulheres: eles vão a qualquer banheiro, de qualquer lugar, a qualquer hora e ainda pegam um jornal ou revista para lhes fazer companhia.

Os mais ocupados levam consigo o celular e o *notebook*. Pronto, a questão está resolvida.

Uma amiga (que tem o problema) me contou certa vez que em um sábado depois do almoço pediu que o marido fosse à farmácia comprar determinados produtos. Ele disse então que aproveitaria a ida à farmácia para levar o filho de oito meses no carrinho para dar uma volta. Pegou o elevador, desceu e após andar uma quadra sentiu vontade de ir ao banheiro.

Não teve dúvidas. Voltou para casa na mesma hora, pegou o elevador, subiu, entregou o filho à esposa e foi ao banheiro. Só depois de obedecer a seu intestino é que foi para a rua novamente.

E só foi ao banheiro de sua casa pois estava muito perto, mas, se estivesse longe, entraria em um bar ou restaurante e iria com filho, carrinho e tudo sem problemas.

Se fosse uma mulher, "seguraria", faria a compra na farmácia, passearia com o filho e quando retornasse a casa tentaria (sem sucesso) ir ao banheiro.

Os homens estão corretos ao obedecer a suas "vontades intestinais". Eles são muito mais práticos e objetivos do que as mulheres nessas e em muitas questões.

É claro que a Tripla Jornada não é a única responsável pela prisão de ventre, mas, na vida da mulher moderna, é a grande vilã.

Existem inúmeras razões para que uma pessoa tenha o intestino preso, tanto homens quanto mulheres, então eu gostaria de passar mais informações sobre esse assunto.

O que é exatamente a prisão de ventre? Vamos nos aprofundar no assunto?

A prisão de ventre ou intestino preso (termos populares para a constipação e obstipação) é caracterizada quando a pessoa evacua menos de três vezes por semana. Na prisão de ventre, as fezes geralmente ficam duras, secas, pequenas e difíceis de eliminar. Algumas pessoas com intestino preso acham dolorido tentar evacuar e frequentemente experimentam a sensação de inchaço e intestino cheio.

Algumas pessoas pensam que estão com intestino preso se não evacuarem todos os dias. Isso é um engano, pois a evacuação considerada normal pode ocorrer de três vezes por dia a três vezes por semana, dependendo da pessoa.

A prisão de ventre é um sintoma, não uma doença. Quase todas as pessoas experimentam prisão de ventre em algum ponto da vida, e dieta inadequada geralmente é uma das causas. A maior parte dos casos de prisão de ventre é temporária e não é séria.

Entender as causas, a prevenção e o tratamento, ajudará a maioria a obter alívio da prisão de ventre.

As causas mais comuns da prisão de ventre são:

- *Falta de fibras alimentares suficientes na dieta.*
- *Falta de atividade física, especialmente em idosos.*
- *Medicações.*
- *Síndrome do intestino irritável.*
- *Leite.*
- *Mudanças na rotina de vida, como gravidez e viagem.*
- *Abuso de laxantes.*
- *Ignorar as vontades de evacuar (Tripla Jornada, querida leitora).*
- *Desidratação.*

- *Doenças e condições específicas, como derrame.*
- *Problemas no cólon e reto.*
- *Problemas na função intestinal (constipação crônica idiopática).*

Pessoas com dieta rica em fibras têm menos probabilidade de sofrer de prisão de ventre. Uma das causas mais comuns de intestino preso é a dieta com poucas fibras ou rica em alimentos gordurosos como queijo, ovos e carne. As fibras ajudam a prevenir fezes duras e secas difíceis de evacuar.

Na cultura ocidental moderna, as pessoas comem muitos alimentos refinados e processados, dos quais as fibras naturais foram removidas.

Pesquisas mostram que, embora o aumento na ingestão de líquidos não necessariamente ajude a aliviar a prisão de ventre, muitas pessoas encontram alívio ao evitar a desidratação. Líquidos adicionam fluidos ao cólon e volume às fezes, tornando-as mais macias e fáceis de passar pelo intestino. Pessoas com problema de intestino preso devem tentar beber líquidos (exceto álcool) todos os dias.

A falta de atividade física também pode ocasionar prisão de ventre. Por exemplo, prisão de ventre frequentemente ocorre depois de acidente ou doença na qual a pessoa fica de cama sem se exercitar. Acredita-se que em idosos a falta de atividade física seja uma das razões para o intestino preso.

Algumas medicações podem causar prisão de ventre, como por exemplo:

- *Remédios para a dor, especialmente narcóticos.*
- *Antiácidos que contêm alumínio e cálcio.*
- *Remédios para pressão alta.*
- *Medicação para mal de Parkinson.*
- *Antiespasmódicos.*
- *Antidepressivos.*
- *Suplementos de ferro.*
- *Diuréticos.*
- *Anticonvulsivantes.*

Durante a gravidez, a mulher pode sofrer de prisão de ventre devido às alterações hormonais ou porque o útero comprime o intestino.

O envelhecimento também afeta a regularidade do funcionamento do intestino, uma vez que um metabolismo mais lento resulta em menor atividade intestinal e tônus muscular. Adicionalmente, pessoas muitas vezes ficam com o intestino preso quando viajam, uma vez que ocorre alteração na sua dieta e rotina diária.

A crença comum de que as pessoas devem evacuar todos os dias tem levado à automedicação com laxantes. Embora muitas pessoas encontrem alívio com o uso de laxantes, geralmente elas aumentam a dose com o passar do tempo porque seus efeitos começam a diminuir com o uso repetitivo. Como resultado, o uso de laxantes pode se tornar um hábito e ocasionar a prisão de ventre.

Como já falamos, pessoas que ignoram a necessidade de evacuar e vão adiando essa vontade eventualmente param de sentir essa sensação, o que pode ocasionar a prisão de ventre. Algumas pessoas postergam porque não querem usar o banheiro fora de casa. Outras ignoram a necessidade de evacuar porque estão muito ocupadas (*hello*, Equilibristas!).

Existem outras causas muito mais graves responsáveis pelo intestino preso, como problemas com o cólon e o reto.

Obstrução intestinal, tecido cicatrizado, diverticulose, tumores, estenose colorretal ou câncer podem comprimir ou estreitar o intestino ou o reto, causando prisão de ventre.

Os testes que os médicos fazem para identificar a causa da prisão de ventre dependem de sua duração e gravidade, idade do paciente, se há sangue nas fezes, mudanças recentes nos hábitos e se ocorreu perda de peso. A maioria das pessoas com intestino preso não precisa de testes extensivos e pode ser tratada com mudanças na dieta e exercícios.

Embora o tratamento dependa da causa, gravidade e duração da prisão de ventre, na maioria dos casos mudanças na dieta e estilo de vida ajudam a aliviar os sintomas e prevenir que voltem.

Uma dieta com fibra o suficiente (20 a 35 gramas por dia) ajuda o organismo a formar fezes macias e volumosas. Médicos ou nutricionistas podem ajudar a planejar uma dieta apropriada. Alimentos ricos em fibras incluem feijão, grãos integrais, cereais, frutas frescas e vegetais como aspargo, couve, repolho e cenoura. Para pessoas com tendência a ter prisão de ventre, também é importante limitar a ingestão de alimentos que têm pouca ou nenhuma fibra, como sorvete, queijo, carne e alimentos processados.

Falar sobre ir ao banheiro não é exatamente um assunto glamoroso. Mas não ir ao banheiro com certeza é muito pior, todo mundo concorda. Afinal, intestino preso não tem esse nome feio a toa: ele provoca desconforto na região do abdômen, faz a barriga inchar e, por causa das toxinas não eliminadas, rouba a vitalidade da pele.

Isso sem falar de um efeito colateral que pode azedar nosso dia a dia: o mau humor! Sabe por que a gente chama uma pessoa mal humorada de "enfezada"? É porque "enfezada" significa "cheia de fezes". Que horror, não?

Se você faz parte da multidão das enfezadas, tem que tomar uma atitude.

Para que seu intestino funcione corretamente, você vai ter que transformar algumas estratégias em hábitos e poderá então acabar com o desconforto, ganhar uma barriga lisinha e uma pele mais viçosa.

E fique tranquila, pois todas as informações que você acabou de ler foram obtidas em pesquisas sobre o assunto, com médicos e profissionais da área da Saúde. Porém, não tome nenhuma atitude radical sem consultar **seu** médico.

Portanto, cara leitora, se você é uma Equilibrista de Tripla Jornada, dê mais atenção ao seu intestino, condicione-o a seus horários disponíveis e reserve tempo suficiente para ir ao banheiro.

E não se esqueça: por mais atribulada que seja sua vida, a necessidade de evacuar **não** deve ser ignorada, portanto leve sempre em sua bolsa o "Kit Banheiro". Você não sabe o que é isso?

São alguns produtos que lhe darão conforto, privacidade, higiene e segurança para usar banheiros coletivos: um tubinho de álcool gel para limpar o vaso sanitário com o auxílio do papel higiênico do local; lenços de papel para forrar a tábua do vaso sanitário e sentar com segurança; uma caixa de fósforos para evitar que quem também está no banheiro sinta seus odores (o máximo que podem pensar é que você está fumando escondido, rs rs rs); seu celular ou Iphone para tocar bem alto uma música de Lady Gaga e ninguém ouvir seus barulhos; um rolinho do papel higiênico de sua preferência e, finalmente, lencinhos umedecidos para dar o "acabamento" e lhe deixar com a sensação de higiene bem feita.

Nem preciso dizer que você terá que usar uma bolsa grande. Dessa forma poderá obedecer a seu intestino nos horários certos e condicioná-lo a sempre funcionar na mesma hora.

Mas atenção: essas alternativas valem somente para mulheres que têm intestino preso devido a uma vida muito atribulada, se dividindo loucamente entre o trabalho, a família e a casa e "segurando" o tempo todo.

Se seu caso for grave, não tome decisões sozinha. Consulte seu médico para lhe ajudar a resolver o problema.

CAPÍTULO 2
Mil e uma tarefas para se equilibrar

Uma senhora encontrou uma conhecida que não via há muito tempo. Colocando os assuntos em dia, disse que estava muito triste, pois seu filho havia se casado com uma moça da qual ela não gostava. A amiga perguntou por que e ela disse: "Minha nora é uma moça muito egoísta, que não cumpre suas obrigações de dona de casa e de mãe. Ela trabalha fora e deixa meu neto com uma babá, o que eu acho um absurdo! Quem tem filhos tem que parar de trabalhar e se dedicar exclusivamente à família. Imagine que, quando chega em casa depois do trabalho e a babá vai embora, ela pede que meu filho troque as fraldas do bebê enquanto ela prepara o jantar. Quando acabam de comer, ela lava a louça e pede que meu filho enxugue e guarde tudo. Das roupas dele, é ele mesmo quem cuida. Cansei de vê-lo passando suas próprias camisas ou pregando botões, enquanto ela arrumava seus vestidos e sapatos no armário. Todas as tarefas são divididas e cada um tem suas funções definidas. E as despesas da casa também são divididas ao meio. Coitado de meu filho, como se casou mal!"

"E como vai sua filha", perguntou a amiga.

"Ah! Minha filha está ótima e fez um excelente casamento. O marido é um homem maravilhoso que a ajuda em todas as tarefas domésticas, cuida ele mesmo de suas próprias roupas, divide todas as despesas da casa, é um pai maravilhoso que dá banho nos filhos, veste-os, leva-os à escola, os põe para dormir contando histórias, e com tudo isso minha filha pode se dedicar mais ao trabalho e crescer na carreira. Que sorte da minha filha, como se casou bem!"

É, cara leitora, essa história é real e mais comum do que imaginamos!

É ótimo ter um parceiro que entende que a mulher não é uma escrava, que os filhos e a casa são de ambos e que os direitos são iguais. Isso deveria acontecer com todos os casais, mas, infelizmente, não acontece, pois os homens são criados, educados e condicionados a achar que as mulheres têm obrigação de exercer a Tripla Jornada sem a colaboração deles. Ou seja, eles se casam e querem continuar a ter uma "mãe" que tome conta deles.

É como se dissessem para a mulher: "você quis casar, quis ter filhos e trabalhar fora? Agora aguente as consequências!" E se isentam de colaborar com a companheira. Quem leu meu livro *A Bela Adormecida Acordou* já sabe o que penso a esse respeito, pois são as próprias mulheres que ainda hoje criam seus filhos homens de forma totalmente diferente da que criam suas filhas mulheres para a vida. E isso vai passando de geração para geração. Que absurdo!

As Equilibristas cujos maridos ainda têm a cabeça no início do século XX têm uma rotina diária bem pesada. Elas dão conta de tudo de forma espetacular, mas é difícil ser perfeita e se equilibrar bem em todas as funções.

Vamos abordar uma a uma as várias facetas de uma Equilibrista:

1) A EQUILIBRISTA MÃE — Primeiro deverá esperar nove meses, com tudo o que a gravidez traz de bom e de desagradável. Depois, abrindo mão por um tempo de sua vida sexual e social, terá que: amamentar, dar amor, carinho, banho, limpar cocô, xixi, trocar milhares de fraldas, educar, vestir, calçar, ajudar nas tarefas da escola, responder com cautela àquelas perguntas difíceis da infância, cuidar dos machucados, elevar a autoestima, torná-lo sociável, ver quem são os amigos, consolar nos momentos de perdas, sentar-se ao lado da cama em horas de doenças, ter paciência na adolescência, administrar a dança dos hormônios, ficar ligada na história das drogas, aceitar as namoradas e namorados mesmo que não goste deles, entender uma possível "saída de armário", dar suporte financeiro e emocional durante a faculdade, estimular a entrada e a trajetória no mercado de trabalho,

preparar-se para o casamento, ficar acabada de estresse preparando a festa e depois de tudo isso ver sua "cria" ir embora.

Mas mesmo assim continuará a se preocupar pelo resto de sua vida, pois mãe é para sempre. Conheço um senhor de 70 anos que até hoje recebe telefonemas da mãe de 90, pedindo a ele que não se esqueça de pegar um casaco antes de sair, pois ela viu na TV "que o tempo vai mudar".

Tem outro caso típico de uma amiga que diz que teve os filhos "só para ela". Não se conformou em vê-los crescendo, se afastando do convívio dela, viajando, namorando, casando e indo até morar fora do Brasil.

Todo mundo diz a ela: "filhos a gente cria para a vida, para o mundo". E ela diz que os dela ela criou para ela. Todos já estão na faixa dos 30 anos e ela continua a tratá-los como quando eram crianças.

Sofre como uma louca. No casamento do filho mais velho, ela estava tão estressada organizando a festa que achei que fosse enfartar (rs rs rs). De verdade (rs rs rs).

2) **A Equilibrista Dona de Casa** — Certa vez, peguei um táxi e durante o trajeto notei o visível mau humor do motorista. Começamos a conversar e ele reclamou que estava muito chateado com sua mulher. Disse que ela não fazia nada o dia inteiro e que muitas vezes quando ele chegava em casa à noite depois de um dia difícil de trabalho, o jantar não estava pronto. Estava louco da vida e comentou que se "matava" de trabalhar no táxi durante o dia todo e que o mínimo que ela podia fazer era estar com o jantar pronto na mesa esperando por ele, já que chegava em casa com muita fome. E reclamou sem parar.

Eu, já imaginando a injustiça que ele estava cometendo com a mulher, perguntei por que ela não preparava o jantar a tempo se "não fazia nada" o dia todo.

Ele disse que não sabia, pois ela só tomava conta da casa, lavava, passava, cozinhava, fazia supermercado, pagava as contas e cuidava dos sete filhos que tinham, com idades entre 2 e 12 anos. Dava banho nos mais novos, alimentava-os, vestia-os e levava e buscava os mais velhos na escola.

Meu Deus, como devia ser boa a vida dessa Equilibrista que "não fazia nada". Imperdoável o jantar do babaca não estar pronto na hora que ele queria!

3) A EQUILIBRISTA ESPOSA — Ela se mata na academia para estar sempre em forma, passa horas no cabeleireiro, cuida da pele com milhões de cremes, se depila toda semana, se esmera na compra de roupas e tudo isso para que o marido se orgulhe dela não só na frente dos amigos, como nos acontecimentos sociais em que ela o acompanha.

A casa está sempre impecável, fazendo ela tudo sozinha ou com a ajuda de auxiliares domésticas; é uma excelente anfitriã nos jantares de negócios do marido; está sempre disposta a fazer sexo mesmo quando não está com vontade; é super companheira, fiel, cúmplice e o apoia nos momentos difíceis.

Nunca deixa que ele a veja desarrumada e mesmo dentro de casa procura estar sempre com um visual transado.

Conheço varias mulheres assim, que são felizes em casamentos também felizes. E outras que fazem as mesmas coisas e são muito infelizes.

4) **A Equilibrista que trabalha fora** — O celular é seu grande amigo, pois, trabalhando fora, viajando e participando de reuniões intermináveis, ela consegue resolver tudo através dele: falando, escutando, mandando SMS ou e-mails. Quando o celular não existia, a vida da Equilibrista que trabalha fora era bem difícil.

Ela consegue administrar a casa de onde quer que esteja, mesmo trabalhando como louca. Conversa com a empregada, com os filhos, com as professoras deles, médicos e dentistas.

É claro que a culpa sempre está com ela, pois acha que, por trabalhar tanto, não dá a devida atenção aos filhos e perde momentos importantes do crescimento e do aprendizado deles.

Sente culpa em relação ao marido, pois, embora ele também trabalhe, homem está acostumado a só chegar a casa à noite e aí então curtir os filhos e a esposa. Está no DNA masculino este esquema, então homem não sente culpa, pois está sempre fazendo o que acha que deve fazer. Esta Equilibrista vai precisar de terapia para aplacar a culpa.

5) A Equilibrista das Finanças — Lembro-me de que, quando era adolescente, o pai de uma colega de colégio teve um revés financeiro e perdeu tudo. De empresário passou a funcionário de uma pequena empresa e ganhava um salário infinitamente inferior aos ganhos que tinha anteriormente.

Então todo dia saía para trabalhar e deixava com a esposa uma pequena quantia que "deveria" ser suficiente para fazer a feira, fazer almoço para ela e para os três filhos, pagar a conta de luz já vencida, dar o dinheiro da condução para os filhos irem à escola e ainda "deveria" sobrar algo para ir à padaria no final da tarde, onde compraria pão, leite e queijo para o lanche da noite de toda a família. Era inacreditável o que aquela mulher, Superequilibrista das Finanças, conseguia fazer com o pouco dinheiro que o marido deixava.

E nunca faltou o essencial para a família. E não era só uma questão de dinheiro, mas também de criatividade, pois é muito fácil variar o cardápio do almoço todos os dias quando o dinheiro está sobrando. Mas com pouco, tem que ter muita imaginação.

Muitos consultores de empresas dizem em suas palestras que os diretores, supervisores e gerentes das organizações, na hora das adversidades, deveriam prestar atenção nas donas de casa e ver como elas administram a casa (empresa), a família (funcionários) e as finanças (capital).

A capacidade de administração da mulher é impressionante.

Vejo nos telejornais famílias muito pobres, com cinco, seis, sete filhos, cuja renda familiar mensal é de quatrocentos reais e, graças à mulher, todos se vestem, se alimentam e vão à escola.

Não é a toa que, por lei, o governo só emite o cartão do Bolsa Família no nome da mulher, e não do marido. Caso contrário ele gastaria de forma totalmente errada (bebida, mulheres, jogo) e a família passaria por mais privações do que já passa.

6) A Equilibrista Para-raios — Todos na família gostam de desabafar com ela, contar seus problemas e aflições. Pedem dinheiro emprestado ou simplesmente um ombro para chorar. Quando um parente fica doente, é ela quem toma as providências para levá-lo ao médico ou providenciar internações. E ainda será a pessoa mais exigida a acompanhar o doente no hospital. Quando o pai ou a mãe ficam idosos, os irmãos nem querem saber: será na casa dela que eles passarão o resto de seus dias.

Geralmente é muito compreensiva e generosa, então toma a dianteira para resolver as questões familiares. Muitas vezes os parentes a exploram e abusam de sua disposição em ajudar.

7) A Equilibrista Equilibrista — Aqui vale contar a história real de uma amiga para ilustrar o que é exatamente uma Equilibrista Equilibrista.

Ela se casou jovem com o homem que amava e que a amava também, depois de seis anos de namoro. Ele era um bem sucedido executivo de uma multinacional e tinha 30% das ações da empresa. Tinha muito dinheiro e já no início do casamento ela viveu uma vida de princesa. Nunca havia trabalhado, pois era da geração de mulheres que foi criada para casar e ter filhos.

O marido tinha uma Ferrari e um Porche. Ela tinha um BMW de última geração, caríssimo. Moravam em um maravilhoso apartamento de um por andar em um condomínio de um bairro nobre de São Paulo.

Tiveram dois filhos que foram muito bem educados.

Porém, quando estavam casados há seis anos, o marido começou a ficar estranho. Estava sempre com o pensamento longe, sempre distraído, mas o casamento seguia normalmente.

Ela, muito ingênua, sempre lhe perguntava se estava acontecendo alguma coisa, se ele estava com algum problema, mas ele sempre dizia que não havia nada, que estava apenas preocupado com os negócios.

Como ela não trabalhava fora, procurou alguma atividade para preencher o tempo e resolveu fazer um curso de culinária. Aprendeu muita coisa, mas não colocava quase nada em prática, pois tinha uma cozinheira que fazia tudo para a família.

E seu marido ficava a cada dia mais estranho e distante.

Até que um dia ele pediu para conversar com ela e disse que queria a separação. Na verdade, ele estava apaixonado por uma garota de 18 anos de idade e ele deveria ter na época uns quarenta e poucos anos. A diferença de idade era enorme.

Minha amiga quase caiu para trás, pois nunca havia desconfiado de NADA. Acreditava quando o marido dizia estar estranho por causa dos negócios.

Passado o imenso choque inicial, o casal se separou e ele foi viver loucas aventuras com a garotinha.

Vendeu os 30% das ações que tinha na empresa onde trabalhava, conseguindo com isso a quantia de um milhão e meio de dólares. Juntou esse dinheiro aos oitocentos mil dólares que tinha aplicados e parou de trabalhar.

Minha amiga, com a esperança de que ele voltasse, não se divorciou legalmente e não pediu a divisão dos bens. E ele também não tomou nenhuma atitude quanto a isso.

O ex-marido pagou uma gorda pensão para os filhos e para a esposa durante quatro anos e ela continuou a morar no mega apartamento, que infelizmente era alugado. É que o casal tinha planos de construir uma mansão para morar, então, quando se casaram, preferiram alugar um ótimo imóvel enquanto planejavam a construção da casa.

De repente, o dinheiro da pensão foi começando a atrasar, atrasar, as quantias acertadas começaram a diminuir, diminuir...

Ele havia dito a ela que o dinheiro que recebeu com a venda das ações havia sido investido em diversos negócios e múltiplas aplicações financeiras, e que ela não se preocupasse.

E ela sempre acreditou nele, então não se preocupou em checar nada. Mas, com o "sumiço" das pensões alimentícias dos filhos, resolveu averiguar o que estava acontecendo.

Ele alegou que estava tendo problemas com algumas aplicações, mas que isso seria resolvido.

Já não conseguindo mais manter o mega apartamento onde morava com os filhos desde a época em que era casada, ela teve que se mudar para um local bem menor em outro bairro.

O casal tinha conta conjunta no banco, a qual ele se esqueceu de desvincular da esposa depois da separação. Mas ela se lembrou disso e foi até o banco falar com a gerente. Esta a conhecia de longa data e disse estar muito preocupada, afirmando que o "Dr. Fulano" estava fazendo retiradas imensas todos os meses, e dos dois milhões e trezentos mil dólares iniciais aplicados, só havia na conta trezentos e cinquenta mil reais.

Minha amiga quase caiu para trás e, tomada de pavor ao ver o patrimônio dela e dos filhos sendo dilapidado, tratou de sacar duzentos e dez mil reais. Foi sua salvação. Não sacou tudo pois ficou com pena de deixar o ex sem nada (que tolinha!).

O marido, cara leitora, durante esses quatro anos que se passaram, caiu na gandaia com a nova namorada, que naturalmente foi "arrancando" dele tudo o que podia. Homem já tem uma tendência a ser babaca, mas quando está na meia-idade e se apaixona por garotas mais jovens, fica mais babaca ainda. Ele viajou muito e foi gastando tudo sem nunca mais trabalhar. Não pensou na ex e nem nos filhos ainda pequenos.

Sem saber o que fazer e tendo que mudar radicalmente sua vida, ela lembrou-se do curso de culinária que havia feito anos atrás e resolveu abrir um restaurante com o dinheiro que sacou a tempo e também com o que conseguiu com a venda de seu carro.

A família e os amigos acharam que ela estava louca, que iria perder tudo o que lhe restara, abrindo um negócio do qual não entendia nada. E disseram que o fato de ter feito um curso de culinária não lhe capacitava a comandar um restaurante. E com o agravante de ter sido uma espécie de "dondoca" a vida toda, sem nunca ter tido uma profissão.

Bem, o ex-marido "quebrou", a garotinha o abandonou (que surpresa!) e ele voltou a morar na casa dos pais, falido e desempregado. Situação em que se encontra até hoje, passados quinze anos. E ela com toda a coragem do mundo, descobriu-se uma mulher forte, corajosa, empreendedora e abriu o restaurante em um bairro nobre da cidade de São Paulo. O início naturalmente foi muito difícil e ela precisou contratar profissionais do ramo para tocarem o negócio com ela. Chegou a ter dois sócios em épocas diferentes, mas não deu certo, então preferiu assumir tudo sozinha.

Obviamente, tendo que investir no restaurante, ficou sem renda suficiente para sustentar os filhos, manter o colégio, as roupas, a alimentação enquanto o restaurante não dava lucro, e precisou então ir morar na casa dos pais para economizar.

Os filhos cresceram e, na hora de fazerem faculdade, ela ainda conseguiu bolsa de estudos para todos, comprovando, dentro da lei, que não tinha condições de pagar. Hoje um é formado em Direito e trabalha em uma grande empresa, e o outro está prestes a se formar em Publicidade, mas já está empregado em uma multinacional. Que orgulho! E tudo isso sem a colaboração do pai. Somente com o esforço e trabalho da mãe.

E a batalha continua. Ela trabalha de segunda a segunda, não para nunca, só pensa no bem estar dos filhos e, em vez de ser uma mulher amarga, revoltada, tem um astral MARAVILHOSO. Eu frequento o restaurante dela há anos, a comida é ótima, e lá está ela com a mão na massa. Faz um pouco de tudo, se aperfeiçoou em algumas coisas e tem uma equipe ótima.

Se você está triste e com problemas, basta entrar no restaurante para se contagiar com o excelente bom humor dela. A gente come bem, se diverte com ela, ri o tempo todo de suas histórias e sai de lá renovado.

Como tenho orgulho de mulheres como ela! Como me sinto privilegiada de tê-la como amiga!

Acabei de mencionar alguns tipos de Equilibristas separadamente, mas a maioria das mulheres é todas essas Equilibristas juntas, essas sete mulheres ao mesmo tempo.

Então cara leitora, se você é uma Equilibrista Equilibrista, parabéns!

Se estiver vivendo uma situação semelhante à de minha amiga e não souber o que fazer, veja que tudo é possível se você acreditar que pode.

CAPÍTULO 3
Sensação de Débito

CULPACULPACULPACULPACULPACULPA
CULPACULPACULPACULPACULPACULPA
REMORSOREMORSOREMORSOREMORSO
REMORSOREMORSOREMORSOREMORSO
TERAPIATERAPIATERAPIATERAPIATERAPIA
TERAPIATERAPIATERAPIATERAPIATERAPIA

Se você sabe exatamente o que significam essas três palavras, você sofre de "Sensação de Débito".

Vamos especificar as diversas situações que levam uma mulher a sentir isso:

1 — *Você é casada, tem filhos, uma casa para cuidar e trabalha fora.*

2 — *Você é casada, trabalha fora, cuida da casa, mas não tem filhos.*

3 — *Você é casada, tem filhos e não trabalha fora.*

4 — *Você é separada, cuida dos filhos sozinha e trabalha fora.*

5 — *Você é mãe solteira, trabalha fora e mora com sua mãe, que cuida da casa e de seu filho.*

6 — *Você é solteira, trabalha fora, não tem filhos e cuida de sua mãe doente.*

7 — *Você é solteira, namora firme, trabalha fora e mora com seus pais, pois não tem condições financeiras de morar sozinha.*

8 — *Você é divorciada, casou novamente, trabalha fora, por alguma razão perdeu a guarda dos filhos que vivem com o pai deles, seu ex-marido.*

9 — *Você é solteira, sem namorado, sem filhos, mora sozinha, é independente, está com mais de*

35 anos, quer ter filhos, seu relógio biológico está "gritando", mas você prioriza a carreira e não tem tempo para mais nada a não ser trabalhar.

10 — Você é solteira, gay, sem filhos, trabalha fora, mora com seus pais, está "no armário" e não sabe o que fazer, pois eles esperam que você se case e lhes dê netos.

11 — Você é casada há muitos anos, nunca trabalhou fora, cuida da casa, tem filhos já adultos e casados, independentes, que não moram mais na mesma cidade que você, só vê os netos no Natal e sente a "Síndrome do Ninho Vazio". Seu marido sai para trabalhar todos os dias e você fica perdida sem saber como preencher seu dia.

12 — Você era casada, não conseguiu ter filhos, trabalha fora, cuida da casa, seu marido casou com a amante e teve dois filhos com ela.

13 — Você foi casada durante vinte, trinta anos com o primeiro namorado, nunca trabalhou porque ele não deixou, cuidou da casa e da famí-

lia a vida toda, ficou viúva aos 56 anos, sem dinheiro e depende de seus filhos para sobreviver.

14 — Você é casada, tem uma profissão que adora, é bem-sucedida, o trabalho a faz viajar muito, seu marido também tem uma carreira atribulada, é muito ausente e seus filhos são criados por babás, por sua mãe e/ou por sua sogra.

15 — Você engravidou muito cedo de um namorado, casou com ele, teve que parar de trabalhar e de estudar para cuidar do filho, o casamento logo acabou e você voltou a morar com seus pais. Teve um segundo filho de outro namorado, mas ele sumiu.

16 — Você é solteira, sem filhos, não consegue engatilhar um namoro sério, trabalha fora, mora sozinha e cuida da casa.

17 — Você é separada, tem filhos e vive com um malandro que não trabalha e a explora. Porém, não consegue separar-se dele porque o ama ou tem medo de ficar sozinha.

18 — Você é casada, tem filhos, trabalha fora, não faz sexo com seu marido há anos e seus pais idosos tiveram que morar com você, pois seus irmãos "tiraram o corpo fora".

19 — Você é solteira, trabalha fora, quer ter filhos, tem um caso com um homem casado, o ama muito e há três anos ele diz que vai deixar a esposa para viver com você, mas isso nunca acontece.

20 — Você casou sem amor, trabalha fora, odeia seu emprego, mas precisa do dinheiro, cuida da casa, tem três ou mais filhos, mas na verdade apenas um foi realmente planejado.

21 — Você é casada, trabalha fora, cuida da casa, tem dois filhos, engordou vinte quilos em cada gravidez e não conseguiu voltar ao peso anterior.

22 — Você já teve três casamentos, tem filhos com os dois primeiros maridos, trabalha fora, cuida da casa e parou de estudar na adolescência.

23 — Você fez um aborto de um namoradinho quando era muito jovem, anos depois se casou com outro homem, trabalha fora, cuida da casa e agora que quer ter filhos não consegue engravidar de jeito nenhum.

24 — Você é linda, bem-sucedida, seu marido é lindo, bem-sucedido, têm filhos lindos e inteligentes, todos os casais de amigos invejam vocês, mas na verdade, entre quatro paredes, o casamento já acabou faz tempo, vocês não se suportam e nem fazem sexo e vivem de aparências. Não querem se divorciar para não terem que dividir o patrimônio e perder o padrão de vida.

25 — Você é homossexual, mas casou com seu primeiro namorado por pressão da família e da sociedade, trabalha fora, teve um filho, cuida da casa e tem uma namorada a quem ama muito, mas que ninguém pode saber que existe.

Bem, esses são apenas 25 perfis dos milhares que existem e que dão à mulher alguma "Sensação de

Débito". Esse é um sentimento quase exclusivo das mulheres. Homens dificilmente têm essa "Sensação".

É claro que não existe vida perfeita nem felicidade 24 horas por dia a vida toda, mas, se você se identificou com algum desses perfis, bem-vinda ao Clube.

A mulher sempre acha que está "devendo" alguma coisa em algum setor de sua vida, por melhor filha, mãe, esposa, amiga e profissional que seja, e é acompanhada pela culpa.

Essa culpa poderá encarcerá-la e torná-la infeliz, caso não consiga assumir a vida que escolheu, a vida que conseguiu ter ou a vida que pôde ter. Poderá mudar tudo se tiver muita coragem e lutar, mas a "Sensação de Débito" vai acompanhá-la.

Qualquer que tenha sido sua escolha na vida, a mulher sempre vai achar que se dedicou demais ao trabalho e negligenciou os filhos; ou que abriu mão da carreira para cuidar dos filhos e sente-se frustrada; ou que não pôde ter liberdade, pois precisou cuidar dos pais, e, por sentir isso, se sente culpada; ou casou com o homem errado, pois na verdade amava outro e se arrepende; ou casou com um homem, quando na verdade queria ter se casado com uma mulher e vive dividida; ou teve que ficar a vida toda em um emprego que detesta para poder criar os filhos sem marido; ou ama o marido, mas o sexo é ruim, então tem um amante, ou, ou, ou, ou, ou, ou, ou, ou, ou, ou... Essa lista não tem fim.

Então, eu penso: já que a "Sensação de Débito" é quase inevitável, pelo menos você deve buscar o que a faz feliz. Fazer o melhor que puder para marido, filhos, casa, trabalho e saber que nunca vai dar conta de tudo com a mesma eficácia.

A vida da mulher é isso mesmo, querida, então vamos tentar fazer tudo o que desejamos, mas com prazer, tentando deixar a culpa de lado ou aprendendo a conviver em paz com ela?

A "Sensação de Débito" é uma coisa que existe na nossa cabeça, por causa da maneira como fomos criadas, educadas, preparadas.

Sentiu-se culpada por ter se identificado com alguma das 25 situações?

Delete.

CAPÍTULO 4
As conquistas da mulher são impressionantes. Os problemas do coração também.

Quando eu era garota, sempre ouvia dizer que mulher não tinha infarto de jeito nenhum. Eu então pensava que era um problema de homens, e que nós mulheres estávamos imunes. Meu avô materno inclusive já tinha tido três infartos antes de eu fazer oito anos.

Mas as coisas não são bem assim. De lá para cá, esse conceito mudou completamente, pois, devido à Tripla Jornada da mulher, ela passou a ter os mesmos comportamentos e atividades dos homens, incluindo em sua vida o fumo em excesso, o álcool, a alimentação inadequada, o sedentarismo, o trânsito, a pós-graduação, a pressão no trabalho, a competitividade profissional, além, é claro, da casa, do marido e dos filhos para administrar.

Isso tudo gera o maior estresse, coisa que nossas antepassadas não conheciam. Pelo menos não dessa forma, então seus corações iam muito bem por toda a vida.

A mulher da atualidade, ainda que a duras penas e com muito preconceito e resistência do mercado de trabalho, tem tido conquistas profissionais incríveis e inimagináveis para nossas avós e bisavós, mas, nessa trajetória, adquiriu hábitos que causam ameaças que eram mais comuns em homens, e o infarte é uma delas.

Houve então um aumento grande nos últimos anos de fatores de riscos nas mulheres, especialmente aqueles responsáveis pelo surgimento de doenças do coração.

Levantamento e estudo realizado pela Med-Rio Check-up, entre 1990 e 2007, com 4.200 mulheres de vários estados do país, entre 30 e 60 anos, mostrou o aspecto de saúde da executiva brasileira. O número de casos de colesterol e triglicérides elevados entre elas subiu de 25% para 42%.

Os de hipertensão arterial saltaram de 11% para 16%, e os de insuficiência coronariana, apontada por meio do teste ergométrico, de 6% para 12%.

O grande obstáculo para que as pessoas mudem o modo de vida é a falta de tempo.

Elas já sabem dos danos da alimentação não balanceada e do sedentarismo, mas afirmam não ter tempo para fazer uma atividade física e não fazem o menor esforço para fazer mudanças nos hábitos alimentares.

Porém os especialistas afirmam que é possível deixar o sedentarismo nas atividades realizadas no cotidiano.

Uma opção é programar o período necessário de atividade física diário, que é de 45 minutos para o efeito cardiovascular ser benéfico, e então dividi-lo em três períodos: quinze minutos de caminhada após o café, mais quinze após o almoço e a noite outros quinze.

Outra dica é tentar trocar o carro por caminhadas ou, no lugar do elevador, usar a escada. Comece com dois lances e vá aumentando. Caminhar é mais fácil, pois pode ser feito em qualquer hora e lugar, inclusive a mulher que trabalha o dia todo deveria ter uma esteira em casa. Isso elimina a desculpa de não caminhar na rua porque está frio ou chovendo.

Nas últimas décadas, a mulher moderna tem uma Tripla Jornada de trabalho, e essa rotina fez surgir doenças crônicas, como o estresse e as cardiopatias.

Pesquisas mostram que os níveis de estresse e o estilo de vida inadequado aumentaram entre as mulheres pesquisadas. Em 1990, era de 40%, e hoje está na casa dos 62%. O estresse também está associado ao aumento da insônia nas mulheres, de 16% para 26%; do tabagismo, de 30% para 40%; e da automedicação com analgésicos, moderadores de apetites, vitaminas e tranquilizantes, de 12% para 20%.

Em comparação com os homens, os problemas cardíacos nas mulheres costumam aparecer dez anos mais tarde. E mais: os sintomas são diferentes nas mulheres e, por isso, muitas vezes não se busca ajuda a tempo.

Por estarem mais velhas e por peculiaridades ligadas ao sexo sobre as quais ainda não se sabe muito, os sintomas não são claros. Em vez de dor no peito, as mulheres reclamam de cansaço, dizem que não se sentem bem naquele dia ou que estão enjoadas. Muitas vezes, essas manifestações acabam enganando a paciente e também o médico, que não desconfiam que pode estar acontecendo algo ruim. Esse é um dos problemas que acabam se associando ao aumento da mortalidade por infarto entre as mulher.

Eu tinha uma amiga que teve morte súbita, ou seja, sofreu um infarto fulminante, aos 50 anos. Ela sentia-se ótima e aparentemente não tinha problemas de saúde. Porém, era uma mulher que vivia a Tripla Jornada, morava em São Paulo e estava em um momento de estresse devido ao divórcio pedido pelo marido, o qual já estava namorando uma moça bem mais jovem. Para se animar um pouco e fugir dos problemas, aceitou o convite da irmã para passar o Réveillon em Porto de Galinhas, em Pernambuco.

Uma tarde, após o almoço, estavam todos reunidos na sala conversando animadamente, quando de repente ela "apagou". Não estava se sentindo mal, não se queixou de nada e simplesmente morreu sentada na poltrona conversando com os amigos. Morte súbita.

Outro fator preocupante para as mulheres é a menopausa. Ela representa o início de um período de maior risco para o desenvolvimento de problemas do coração. Isso porque perdem a proteção natural dos hormônios. Alguns dos fatores de risco, como o diabetes, HDL (colesterol bom) reduzido e cigarro, parecem ser piores para as mulheres. Quando entram na menopausa, passam a ser mais suscetíveis.

Diagnosticar problemas do coração em mulheres é mais difícil, pois coração de mulher engana. Pelo menos é o que apontam estudos sobre a incidência de isquemia (insuficiência localizada de irrigação sanguínea).

Nos EUA, país em que as doenças cardíacas são a principal causa de morte entre mulheres, conclusões recentes revelam que o diagnóstico desse tipo de problema pode ser mais difícil em pacientes do sexo feminino. Dissimuladas, suas artérias podem não revelar nenhuma obstrução aparente, enquanto a paciente está à beira de um infarto.

Cerca de 3 milhões de norte-americanas portadoras de doenças coronarianas podem apresentar artérias "limpas", ou seja, livres de obstruções, quando, na verdade, placas de colesterol se espalham ao longo da parede arterial em vez de se acumular formando uma obstrução evidente, como geralmente ocorre nos homens.

A sutileza das doenças cardiovasculares femininas está quebrando a cabeça dos cientistas norte-americanos, que começam a defender abordagens diferenciadas para homens e mulheres no que diz respeito a esses quadros.

A avaliação da isquemia em mulheres representa um único e difícil desafio para os clínicos devido aos sintomas manifestados, às altas taxas de incapacitação funcional das pacientes e à baixa incidência de obstrução arterial se comparada à dos homens, explicam os pesquisadores da divisão de medicina cardiovascular da Universidade da Flórida.

Some-se isso tudo ao fato de que, como já mencionei no inicio do capítulo, ao longo dos tempos criou-se o mito de que somente homens tinham problemas no coração e que as mulheres não precisavam se preocupar com seus corações. E elas, então, nunca se preocuparam, e continuam não se preocupando.

Isso até fazia sentido no tempo em que elas levavam vidas predominantemente domésticas e podiam se dedicar com exclusividade à família. Há trinta, quarenta anos, quando uma mulher enfartava, todos os cardiologistas corriam para ver. Era uma extraterrestre, uma coisa fora do normal, um caso raríssimo.

Foi o que aconteceu com minha querida avó Layr, que sobreviveu a um infarto com sessenta e poucos anos, no início dos anos setenta, e isso foi considerado o maior absurdo, inclusive porque ela era uma dona de casa tranquila, não trabalhava fora, não fumava e não bebia. Ela era esposa de meu avô, aquele que mencionei ter tido três infartos e também sobrevivido até morrer aos 90 anos de velhice.

De lá para cá, muita coisa mudou. As mulheres se emanciparam, entraram no mercado de trabalho, conquistaram posições de destaque e passaram a ser as principais responsáveis por muitas famílias. Acumularam as cobranças de profissional competente, mãe responsável, dona de casa eficiente e mulher atenciosa. Apressadas, não têm tempo para praticar uma atividade física nem para se alimentar adequadamente. Mais livres, saem à noite, bebem, fumam e dormem pouco. Haja coração!

Segundo dados da American Heart Association, há 25 anos aconteciam nove infartos em homens para cada caso feminino nos EUA. Hoje, são seis casos masculinos para cada quatro mulheres com doença coronariana. Em 2002, as doenças coronarianas causaram a morte de 241.622 mulheres nos EUA, enquanto o câncer de mama respondeu por 41.514 óbitos. Mesmo assim, é o câncer de mama que mais as preocupa. Elas cuidam mais das mamas que do coração, que é o grande vilão da atualidade.

De acordo com dados da SBC (Sociedade Brasileira de Cardiologia), na cidade de São Paulo a relação de mortalidade por doença arterial coronária entre homens e mulheres era de dez homens para cada mulher em 1970. Em 2002, a proporção já era de três casos masculinos para cada feminino.

Uma descoberta curiosa através de uma nova pesquisa feita em 2003 nos EUA concluiu que a mamografia pode ser mais do que um exame para auxiliar no diagnóstico de câncer de mama. A técnica pode também revelar indícios de uma ameaça ainda pior para a saúde da mulher, a doença coronariana.

As imagens da mamografia podem detectar calcificações nas artérias do peito capazes de indicar um aumento no risco de desenvolver doença coronariana, segundo um estudo feito pela Clínica Mayo com 1.803 mulheres.

As pacientes com calcificações nas artérias do peito mostraram-se 20% mais propensas a ter problemas cardíacos do que aquelas que não apresentavam calcificações, segundo os pesquisadores.

As anormalidades surgem como distintas linhas brancas nas imagens da mamografia e não devem ser confundidas com outros tipos de calcificações no peito que podem ser insignificantes ou, em alguns casos, malignas, disseram os médicos.

"Qualquer radiologista pode dizer a diferença, não é uma distinção difícil", afirmou o Dr. Kirk Doerger, principal autor do estudo e residente de radiologia da Clínica Mayo.

Mas os radiologistas geralmente pensam em câncer ao analisarem uma mamografia, não em problemas de entupimentos das artérias.

A razão da mamografia é a detecção do câncer de mama, mas analisar esse exame também pensando no coração oferece uma informação extra que pode ajudar a descobrir mulheres que correm maior risco de ter estreitamento das artérias que nutrem o coração.

Mais de 350 mil mulheres nos EUA morrem de doença coronariana por ano, em comparação com cerca de quarenta mil vítimas fatais do câncer de mama. É uma diferença enorme!

Mesmo assim, muitas mulheres ainda pensam que o tumor maligno nos seios é um perigo maior e podem não saber que têm problemas no coração.

Com isso, desprezam a necessidade de procurar um diagnóstico, de acordo com os especialistas. Eles analisaram as mamografias de pacientes que também passaram por angiogramas — exames de imagem para detectar doenças coronarianas — na Clínica Mayo entre 1991 e 2001.

As mulheres que fizeram parte desse estudo tinham em média 65 anos e, só pela idade, já apresentavam maior risco de sofrer de problemas nas artérias.

As calcificações detectadas são depósitos de cálcio que podem se formar em artérias doentes já estreitadas por placas de gordura. As artérias do coração e do peito têm tamanhos semelhantes e estima-se que reajam de maneira similar a fatores como colesterol alto.

O risco das calcificações não é tão forte quanto os fatores tradicionais ligados à doença coronariana, como hipertensão e colesterol alto, mas não deve ser ignorado, advertem os especialistas.

As calcificações devem ser observadas nos relatos feitos pelos radiologistas na análise das mamografias. As mulheres que apresentam o problema devem procurar seu médico para obter aconselhamento.

A Dra. Linda Warren Burhenne, especialista em mamografias na cidade de Vancouver, no Canadá, disse que os radiologistas costumam ver as calcificações, mas nem sempre dão atenção a elas.

"Isso é dramático, porque nunca foi determinado que tivesse qualquer importância até agora", disse a médica.

As mulheres estudadas já corriam grande risco, enquanto que naquelas em situação de baixo risco ainda tem que ser provada a importância da detecção das calcificações.

Mesmo assim, o Dr. Bonow disse que as descobertas podem ser potencialmente significativas porque muitas mulheres morrem em consequência de problemas no coração e porque a mamografia é um exame muito rotineiro.

"Este é um exame que muitas mulheres têm que fazer de qualquer forma para diagnosticar o câncer de mama", observou. "Se a pesquisa estiver certa, a mamografia pode se tornar uma importante peça adicional de informação."

Bem, a mensagem aqui é clara: parabéns por todas as suas conquistas pessoais e profissionais. As mulheres sempre buscaram isso e devem continuar assim. Mas se você é uma Equilibrista de Tripla Jornada, e ainda por cima fuma, bebe, dorme pouco, não se alimenta adequadamente, não se exercita e é estressada, tente mudar totalmente seus hábitos, faça exames cardíacos periódicos, se exercite e fique atenta a sua mamografia. Aposto que você não sabia que ela pode detectar problemas no coração!

    Cuide-se.

CAPÍTULO 5
A libido e a Tripla Jornada

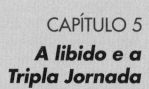

Muitas vezes a Tripla Jornada afeta a libido da mulher, pois seu dia a dia é uma correria tão grande que em algumas fases da vida ela perde um pouco do apetite sexual.

Ou, independentemente disso, nem sempre ela tem vontade de fazer sexo na mesma hora que o companheiro. Um exemplo clássico é a tal "rapidinha" da parte da manhã logo que o homem acorda. Sabemos que eles não têm culpa disso, é uma coisa fisiológica ou sei lá que outro nome possa ter, mas eles acordam com a "barraca armada" e querem transar. Segundo minhas pesquisas, a maioria das mulheres, principalmente as casadas há muito tempo, não acorda com vontade nenhuma.

E vamos combinar que em casamentos longos, tesão tem prazo de validade.

Não é como nos filmes nos quais o casal acorda, já se abraça, se beija na boca e começa uma relação calorosa, com os dois super animados. O que me surpreende mais nessas cenas dos filmes não é nem a vontade recíproca de transar logo de manhã, e sim o fato de eles se beijarem na boca, de língua, sem escovar os dentes! Que mentira! Por mais que você ame alguém, não suportará o bafo de "mingau dos deuses" com o qual a gente acorda. E independentemente do bafo do outro, ninguém se sente bem em dar um beijo desses, por causa de seu próprio bafo.

Então, a mulher está lá dormindo aquele finalzinho de sono gostoso, o despertador ainda nem tocou e ela começa a sentir umas "cutucadas" por trás. Ela já está careca de saber o que é, então finge que está dormindo profundamente para ver se naquele dia ela escapa da rapidinha.

Mas o companheiro continua a cutucar e é insistente. Isso é o que eu chamo de egoísmo masculino.

O homem pode até tentar iniciar uma transa matinal, mas, ao ver que a mulher não se mexe, deveria desistir.

Ao contrário: ele fica cada vez mais contundente. Aí, para não magoar o marido, ou para ele depois não reclamar de rejeição, a mulher cede. Conheço casos (acredite se quiser) de mulheres que concordam em transar sem vontade, e no meio da relação pegam no sono sem querer (rs rs rs).

Muitas vezes, o homem nem percebe que ela dormiu, ele acha que ela relaxou depois do orgasmo. Que orgasmo? Só se for o dele!

Mas, quando percebem que a companheira dormiu, primeiro vão até o final, chegam ao orgasmo e depois começam a se queixar da mulher, dizendo que dormir no meio da relação é o cúmulo da falta de consideração, e blá, blá, blá... Nem vou comentar isso, pois me dá preguiça, e você, cara leitora, sabe do que estou falando, ou um dia vai saber.

As que aceitam a relação matinal muitas vezes fingem que estão gostando, mas durante o ato, que geralmente dura dois minutos, (rs rs rs), ficam com os pensamentos longe, tentando organizar seu dia, olhando para o teto e imaginando o que vão fazer para o almoço, se o trânsito estará muito complicado na hora em que estiverem indo para o trabalho, se os filhos já acordaram, se a empregada vai faltar, se sua mãe melhorou da dor nos rins, se o encanador virá na hora marcada, e, de repente, começam a gemer baixinho, até que o gemido fica alto: ahhhhhhhhhhhhhhh...

O marido pensa que ela está tendo um orgasmo e fica todo satisfeito, mas na sequência do gemido vem a frase: "...ahhhhhhhhhhhh Meu Deus, a faxineira não limpou o lustre!" (rs rs rs).

Em minha opinião, as mulheres não deveriam fazer sexo sem vontade, de jeito nenhum, em situação alguma! Em primeiro, lugar não acho justo com elas mesmas, e, em segundo lugar, não acho justo com os homens, coitados, pois fingir, dormir, ficar pensando em outras coisas ou até em outros homens é péssimo!

Então, na rapidinha matinal, só deve embarcar quem estiver muito a fim, ou se a insistência do marido a fizer ficar realmente com vontade.

Caso contrário, seja sincera com ele e diga que depois você o compensará (rs rs rs). Peça que ele vá ao banheiro fazer xixi que a vontade passa.

Isso não é brincadeira é a mais pura verdade. A maioria dos homens acorda com ereção e vontade de fazer xixi, e acha que é tesão.

Ao contrário do que algumas de nós pensamos, em um casamento de muitos anos não é o homem que perde o interesse sexual primeiro, e sim a mulher.

Tenho várias amigas que até já fizerem Bodas de Prata e fogem dos maridos como o diabo da cruz. Elas os amam, mas não gostam de transar todo dia, não gostam de transar pela manhã, nem sempre estão a fim à noite e as histórias que contam são hilárias.

Homem tem a tal da testosterona, então quer sexo sempre. Se não é com a esposa, é com a amante. Ou com ambas.

Antigamente, as mulheres, para fugir do sexo, usavam a velha desculpa da dor de cabeça. E ainda hoje usam, mas a criatividade está em alta.

Tenho uma amiga que sabe que o marido adora cafuné na cabeça. Só que isso o relaxa tanto que ele pega no sono. Sabendo disso, quando ela percebe que ele vai querer transar logo que acabar o filme a que estão assistindo na TV, ela sutilmente já começa a fazer cafuné nele. Aí ele dorme e ela dorme também, e sem ter que transar (rs rs rs).

A mulher tem Tripla Jornada, então à noite, quando vai para a cama, está exausta e quer se deitar, pegar seu travesseiro querido e dormir. Só que o marido quer outra coisa, pois ele só tem **Uma Jornada**.

Tenho outra amiga, desse mesmo grupo, que adora ver a novela das oito (que passa às nove). O marido detesta novela e, nessa hora, quer fazer amor, mas respeita a vontade da esposa. No último bloco da novela, ele já começa a acariciá-la sutilmente, pois assim que o capítulo acaba ele já está pronto para agir. Só que ela quer dormir. É muito engraçado ouvi-la contando isso, pois ela diz que no último bloco da novela já começa a ficar irritada com ele e quer sair correndo.

E veja, cara leitora, eu estou falando de casais que se amam.

Certa vez esse grupo de quatro amigas foi fazer uma viagem à Europa sem os maridos. Clube da Luluzinha mesmo. Eles ficaram no Brasil superinseguros, achando talvez que ao chegarem a um país estranho, onde ninguém as conhecia, iriam cair na gandaia, ter casos extraconjugais e fazer o que bem entendessem.

Mal sabiam eles que as esposas, assim que chegaram ao hotel, abriram um champanhe no quarto e

AS EQUILIBRISTAS

brindaram em coro: "oba vamos poder dormir por dez noites sem ter que transar"!

Sem comentários (rs rs rs)!

CAPÍTULO 6
Inversão de papéis

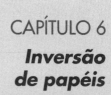

C resce o número de mulheres chefes de família, diz pesquisa.

No Brasil, o percentual de mulheres chefes de família cresceu muito em dez anos, passando de 10 milhões em 1996 para 18 milhões em 2006.

Em 2010, 34,9% das famílias brasileiras já eram chefiadas por mulheres, segundo o último levantamento da Organização Internacional do Trabalho (OIT). E este percentual cresceu bastante na última década, passando de 25,9% para os atuais 34,9% entre 1998 e 2008.

Bruna Gasgon

As mulheres são 100 milhões de trabalhadoras em toda a América Latina e Caribe. Entre 1990 e 2008, a participação feminina no mercado de trabalho passou de 32% para 53% na região. Esses são dados da OIT e do Programa das Nações Unidas para o Desenvolvimento (PNUD), divulgados no relatório "Trabalho e Família: rumo a novas formas de conciliação com responsabilidade social".

Além da inserção maciça de mulheres no mercado de trabalho, outra mudança é visível nas famílias, causada principalmente por profundas transformações sociais e demográficas. Houve um incremento de domicílios com apenas uma pessoa responsável, quase sempre uma mulher.

Os dados citados nos levam a pensar, num primeiro momento, em uma condição positiva para as mulheres. Segundo a OIT/PNUD, o trabalho não é apenas um recurso econômico, mas também um meio de desenvolvimento de necessidades sociais, autoestima e espaços próprios.

A maior participação feminina no mercado de trabalho e a geração de renda própria resultam também em um aumento do nível de autonomia das mulheres, maior satisfação com suas vidas e melhoria de seu poder de negociação no interior da família.

Elementos culturais ainda estão envolvidos nesse processo, como o reconhecimento de direitos, maior presença na esfera pública, aumento do nível educacional e maiores expectativas de desenvolvimento autônomo.

Mas o estudo mostra que os domicílios a cargo de uma só pessoa adulta - categoria liderada por mulheres - tendem a ser mais pobres, apesar de 52% a 77% das chefes de família estarem no mercado de trabalho.

Em onze dos dezoito países da região citada, a incidência de extrema pobreza é superior nesses lares. A principal razão é o fato de estas mulheres enfrentarem enormes dificuldades para combinar o trabalho doméstico e as atividades remuneradas, ou seja, a Tripla Jornada.

Diante dessa difícil conciliação e sem a ajuda de outros adultos, as mulheres recebem menores salários. Também frente à insuficiência de oferta de serviços pré-escolares, elas precisam buscar alternativas que geralmente vão a detrimento do cuidado de seus filhos e filhas ou do trabalho em que se inserem.

O aumento do número de mulheres chefes de família é um imenso problema para as mulheres e não deve ser festejado de maneira alguma.

É ótimo que a mulher tenha ido para o mercado de trabalho e tornado-se independente financeiramente, mas não é adequado que, além disso, tenha que sustentar toda sua família. Isso não é prova de avanço nenhum.

Que as mulheres estejam em igualdade de condições com os homens, participando do sustento de suas famílias, acho normal e uma razão para se comemorar. Mas que elas estejam sozinhas carregando esta carga de manutenção da família, acho um absurdo!

Obviamente, se o marido ou pai está desempregado, vivendo momentos difíceis, entende-se que a mulher assuma temporariamente as despesas da casa. Mas existem uns "espertinhos" acomodados que exploram suas esposas e filhas, passando os dias nos bares da vida, saindo com os amigos, pedindo dinheiro à mulher sem jamais procurar emprego.

Quando morei no Rio de Janeiro na década de oitenta, tinha uma amiga na época com vinte e poucos anos que ocupava um cargo importante em uma rede de lojas de uma marca badalada da época e ganhava muito bem. Era casada com um jovem jogador de futebol em início de carreira, que também já tinha um bom salário. Eram apaixonados.

Certa vez, durante um jogo, ele teve múltiplas fraturas em uma das pernas, e, apesar de todas as cirurgias a tratamentos, os médicos lhe disseram que não poderia mais jogar futebol. Pelo menos não profissionalmente.

O casal ficou muito abalado, pois o rapaz jogava muito bem e tinha uma carreira promissora. Jogava desde pequeno e nunca havia feito outra coisa na vida. Levou um tempo para se recuperar física e emocionalmente, e até ficar completamente restabelecido o time onde jogava continuou pagando seu salário.

No período de recuperação, enquanto ainda tinha seu próprio dinheiro, ele se acostumou a ir à praia todos os dias, a tomar muito sol, surfar, encontrar os amigos para beber e jogar conversa fora. Minha amiga o amava muito e teve muita paciência e compreensão, pois seu marido acabara de ver seus sonhos destruídos e precisava de apoio. Eles eram casados há um ano e não tinham filhos.

Porém, quando seu contrato venceu, não foi renovado, já que ele teria que abandonar o esporte. Portanto, ficou sem salário.

Mas, mesmo assim, manteve a vida que levava, só que com a esposa bancando tudo: casa, comida, roupas, sapatos, restaurantes, viagens, a casa que tinham em Búzios, as gandaias dele, as contas do bar, enfim, tudo.

E, fora isso, ela ainda lhe dava uma mesada para suas despesas pessoais e para que ele não tivesse que ficar pedindo dinheiro todos os dias.

Ela esperava que com o tempo ele começasse a procurar emprego e trabalhasse como todo mundo. Mas ele se fazia de morto e continuava a aproveitar a vida. A família dele dizia que era natural ele ficar paralisado depois de saber que não poderia mais jogar futebol e pediu que a moça tivesse paciência com o marido.

Um ano se passou, depois dois, três, até que, no quarto ano, ao ver que ele jamais havia procurado emprego e havia se acostumado com a boa vida que minha amiga lhe dava, ela perdeu a admiração que tinha por ele. Com isso, o amor foi embora e ela então pediu o divórcio.

Acreditem se quiserem, esse rapaz não quis dar o divórcio, que precisou ser litigioso. E ele ainda entrou na justiça pedindo pensão alimentícia, já que ela ganhava bem e ele havia perdido o emprego por "invalidez"!

Ela teve que aceitar o que a justiça determinou, teve que dividir os bens que havia comprado com seu dinheiro e ainda lhe dar uma ótima pensão todos os meses para o resto da vida. Foi nessa época que eu soube que, em divórcios como esse, não era apenas o homem que tinha que dar pensão para a mulher. Eu descobri que a lei determinava que o cônjuge que ganhasse mais é que deveria dar a pensão, ou, ainda, no caso de um dos dois estar desempregado, cabia a quem trabalhasse dar a pensão ao outro.

As mulheres batalharam tanto por igualdade; então, igualdade é isso.

Nesses casos, a lei protege o lado menos afortunado.

Só que, assim como existem mulheres "espertinhas", existem homens "espertões", como o ex-marido de minha amiga.

Porém, também acontece o inverso, que é quando o homem fica desempregado e sente-se humilhado por ter a mulher como chefe de família, sustentando a casa. Isso muitas vezes gera brigas e violência doméstica contra a mulher e os filhos.

Em qualquer um dos casos, a mulher é sempre prejudicada; portanto, os custos da inexistência de políticas conciliatórias são grandes e o esforço para conciliar vida familiar e profissional gera enorme tensão. Também leva a problemas de saúde, acidentes de trabalho, perda de renda para as mulheres, risco de trabalho infantil, sem contar o desperdício de força de trabalho feminino, afetando a produtividade e competitividade dos países e debilitando suas trajetórias de crescimento.

Exceção deve ser feita para os casais que, de comum acordo, combinam que a mulher trabalhe porque teve mais oportunidades, ganha bem e então sustenta a família, cabendo ao marido cuidar da casa, dos filhos e de todas as tarefas domésticas. Existem homens que não se importam com essa inversão de papéis e mulheres que acham isso normal e sentem-se confortáveis.

Em algumas famílias, mesmo quando ambos trabalham, o homem está deixando de ser o chefe absoluto da casa, dividindo esse papel com a mulher (muito justo) e até transferindo para ela a responsabilidade de sustentar e cuidar dos filhos (totalmente injusto).

No Brasil, o total de famílias formadas por casais com filhos e chefiadas por mulheres cresceu de pouco mais de 200 mil em 1993, para 2,2 milhões em 2006. Em treze anos, esse novo modelo da família brasileira expandiu-se dez vezes, evoluindo de 3,4% para 14,2% do total de lares brasileiros, segundo a pesquisa "Retrato das Desigualdades de Gênero e Raça", elaborada pelo Instituto de Pesquisa Econômica

Aplicada (IPEA), em parceria com o Fundo de Desenvolvimento das Nações Unidas para a Mulher.

Não há dados suficientes no estudo para explicar se essas mulheres estão trabalhando fora e os homens cuidando da casa, ou se elas passaram a ganhar mais que os maridos e se sentem mais confiantes para tomar decisões.

"Fato é que as mulheres estão sendo reconhecidas como chefe dentro de um casal e que essa mudança ocorreu em espaço curtíssimo de tempo. Uma transformação cultural dessa ordem costuma levar mais de uma geração para acontecer", compara a antropóloga Alinne Bonetti, pesquisadora do IPEA. Segundo ela, a virada das mulheres reflete uma mudança mais profunda em curso nas convenções sociais e nos valores da sociedade brasileira. "Na época dos nossos avôs, as mulheres ainda se sentiam vitimadas, levadas a cumprir as expectativas sociais em relação à ética do cuidado da casa, dos filhos, dos doentes."

Conheci uma empregada doméstica que não sentia o menor constrangimento em dar as ordens dentro de casa. Ela ganha novicentos reais, quase três vezes mais que o companheiro, pai de três dos seus cinco filhos. Ele recebe trezentos reais fazendo bicos como servente de pedreiro. "Se eu ganho mais do que meu marido, ele é que devia achar ruim. Mas ele não está nem aí", diz ela, que trabalha de dia como doméstica e, à noite, ainda cuida de uma idosa de 81 anos. No intervalo entre as 16 e as 22 horas, cuida da casa e dos filhos entre 2 e 21 anos, que ajudam nas tarefas domésticas. "Os homens de hoje querem tirar o pé fora e deixar o pesado com as mulheres", completa ela.

Dentre os novos arranjos familiares, a pesquisa detectou também um ligeiro aumento das famílias formadas por homens cuidando sozinhos dos filhos. Na última década, esse modelo cresceu de 2,1% para 2,7%. "Embora tímido, o crescimento dessas famílias masculinas tem sido acompanhado de perto por pesquisadores por ser um indício de mudanças comportamentais no que se refere aos padrões hegemônicos da masculinidade brasileira.

"O homem assume a responsabilidade tanto pela provisão quanto pelo cuidado dos filhos", diz o levantamento, que teve como base os dados da Pesquisa Nacional por Amostra de Domicílios (PNAD) de 1993 a 2007. Nesse estudo, ainda não foram incluídas outras configurações familiares, como, por exemplo, os casais gays, que devem entrar na próxima PNAD.

A maior representatividade das mulheres nas famílias tem uma correlação direta com sua entrada no mercado de trabalho, que as levou a ter o próprio salário e a dividir as despesas com os maridos. Com pouco mais de trinta anos do movimento feminista, datado a partir de 1975 no Brasil, mais da metade das mulheres em idade ativa (52,6%) estavam trabalhando em 2006 (ante 46% em 1996), segundo o levantamento do IPEA. Apesar de as mulheres terem escolaridade superior e ocuparem cada vez mais espaço no mercado de trabalho, os homens ainda têm melhores cargos e salários.

A taxa de desemprego é pior para as mulheres e também para os negros, que apresentam os maiores níveis de desocupação (entre 11% e 7,1%, respectivamente). Para os homens, o índice é de 6,4% e de 5,7% entre os brancos. As mulheres negras constituem, portanto, o segmento que se encontra em situação mais vulnerável.

UFA! Quantas informações, quantas siglas, quantos números e percentuais!

Todas as conquistas femininas têm seu preço e estão mudando o panorama da formação das famílias, o comportamento dos homens e delas mesmas.

Você se identificou com algum dos modelos familiares aqui colocados?

O que importa é que esteja feliz e satisfeita com seu modelo de família, com seu trabalho, com seu marido, com seus filhos, enfim, com sua vida.

Se não está, releia o capítulo e reprograme o esquema em que vive.

O que importa é ser feliz.

CAPÍTULO 7
Quando a mulher está fora, a família precisa de Manual de Sobrevivência

Antigamente, era muito comum o marido e os filhos ficarem perdidos quando, por alguma razão, a mulher estava ausente. Não havia organização alguma sem ela, todos ficavam perdidos e era somente nessas situações que se dava valor ao trabalho da administração doméstica.

E hoje em dia, mesmo quando a mulher trabalha fora e a família é mais independente, ainda é ela quem administra a casa como se fosse uma empresa.

Quando a família é muito acomodada, fica totalmente na dependência da mulher para tudo, e, na falta dela, começam as questões: onde estão guardados os utensílios de cozinha, onde ficam as roupas dos filhos mais novos, em que gaveta estão as velas quando falta luz, quais são os produtos que devem ser comprados na feira e quais no supermercado, onde está anotado o telefone do dentista, qual é o nome da professora particular do filho do meio, quais são as datas dos aniversários das avós, das tias, dos primos, que orientações diárias devem ser dadas à empregada, a que horas a vovó tem que tomar seus remédios, e mais uma infinidade de interrogações.

Se você sente que seu trabalho doméstico não é valorizado, vou lhe propor um teste, que a princípio vai parecer estranho e absurdo, mas conheço algumas mulheres que o fizeram espontaneamente e adoraram o resultado: se você trabalha fora, arranje uma desculpa para sair bem cedo, antes de seu marido e filhos acordarem, não prepare o café da manhã, não dê orientação alguma a ninguém sobre o almoço, não faça as compras do dia e diga, já na véspera, que vai ficar no trabalho até tarde.

Se não trabalha fora, pare por um dia de fazer tudo o que você faz em casa: não lave roupa, não passe roupa, não limpe a casa, não arrume os quartos nem as camas, não cozinhe. Se tiver uma auxiliar, não dê a ela nenhuma orientação sobre a arrumação da casa, sobre o preparo do almoço, e não a deixe fazer nada. Se for possível, dispense-a. Não programe quem vai buscar os filhos na escola, quem vai levar sua filha na aula de inglês, quem vai comprar o presente de aniversário de sua sogra, enfim, saia de casa bem cedo e vá para algum lugar com o celular desligado.

À noite, quando voltar, analise os resultados. Mas invente uma boa desculpa e avise a todos que vai se ausentar o dia todo, pois, caso contrário, poderão pensar que você foi sequestrada ou que tem um amante (rs rs rs).

Você vai se surpreender.

CAPÍTULO 8
Violência doméstica

"*Não é o inimigo que me afronta, se o fosse, eu o suportaria. Nem é o que me odeia quem se exalta contra mim, pois dele eu me esconderia. Mas és tu, homem meu igual, meu companheiro, e meu íntimo amigo.*"

A violência doméstica contra a mulher infelizmente ainda é uma realidade cotidiana.

Pelo menos uma em cada três mulheres no mundo é ou já foi espancada ou abusada sexualmente. As estatísticas não param por aí e mostram que, apesar de todos os avanços femininos na luta por seus direitos, ainda estamos longe do fim do machismo e do patriarcalismo.

Pesquisas apontam que, em pleno século XXI, a violência contra a mulher ainda é grande e acontece principalmente na instituição da família. As agressões por motivo de gênero são fruto da crença — que persiste — de que o homem é o chefe e provedor da família e que a mulher e os demais membros não merecem sequer ser ouvidos.

Como já mencionei em outro capítulo deste e de outros livros meus, infelizmente ainda há diferenças entre a educação dada aos meninos e às meninas. As mulheres são vigiadas em sua educação e crescem com medo de serem livres. Elas estão sempre submetidas a alguém, primeiro ao pai e depois ao marido, como se fossem uma criança grande que precisasse do aval do outro.

O valor exagerado dado ao corpo feminino, em detrimento da inteligência e do conhecimento, é outro fator agravante da violência doméstica, uma vez que a mulher passa a ser entendida como um objeto que pertence ao companheiro. Parece um discurso antigo, dos anos sessenta e setenta, mas ainda estamos falando as mesmas coisas até hoje.

Quando a questão é a dependência financeira e a remuneração no mercado de trabalho, as desigualdades entre os gêneros são consideráveis. No Brasil, apesar de haver mais mulheres do que homens cursando os ensinos fundamental, médio, superior e também a pós-graduação, elas recebem entre 30% e 60% menos que o salário deles pelas mesmas atividades profissionais.

A Pesquisa Nacional por Amostra de Domicílios (PNAD), de 2007, revela que, se nada for feito, a equiparação de salários entre homens e mulheres que executam as mesmas funções só deve acontecer daqui a 87 anos.

Infelizmente, nenhuma das mulheres que estão lendo esse livro estará viva para presenciar tal acontecimento. Você precisa guardar o livro por várias gerações de mulheres de sua família para que sua bisneta o leia.

Portanto, não é só a agressão física que deve ser considerada "violência contra a mulher", mas também essa diferença absurda de remuneração nas mesmas funções.

As mulheres ainda apanham dos homens em todas as classes sociais, das mais pobres às mais abastadas.

Na contramão das diversas conquistas efetivas das mulheres, especialmente no âmbito do mercado de trabalho, e de todos os discursos de que o machismo faz parte do passado e de que há igualdade entre homens e mulheres, as estatísticas mostram que o sexo feminino continua a ser tratado com preconceito e de maneira desrespeitosa, para dizer o mínimo.

De acordo com uma pesquisa da Comission on the Status of Women da ONU, no mundo, de cada três mulheres, pelo menos uma já foi espancada ou violentada sexualmente.

O dado nos faz refletir que não são apenas as mulheres de baixa renda e financeiramente dependentes do marido ou companheiro que sofrem violência doméstica.

Pesquisa da Fundação Perseu Abramo mostrou que uma em cada cinco brasileiras já foi agredida por um homem e pelo menos 6,8 milhões de mulheres, no Brasil, já foram espancadas pelo menos uma vez, sendo que, no mínimo, 2,1 milhões de mulheres são espancadas por ano, ou seja, uma a cada quinze segundos!

Cara leitora, enquanto você leu esse parágrafo uma mulher foi espancada, ou enquanto uma mulher lia esse parágrafo você estava sendo espancada.

A Pesquisa sobre Violência Doméstica Contra a Mulher, realizada pelo Data Senado, em 2007, acrescenta que, para 35% das mulheres agredidas no Brasil, a violência doméstica começa por volta dos 19 anos, e, ao menos para 28% delas, os atos de agressão se repetem.

As causas da violência doméstica normalmente estão associadas a ciúme, embriaguez ou efeito de drogas consumidas pelo parceiro.

Das mais de 20 mil denúncias feitas à Central de Atendimento à Mulher (Ligue 180), em julho de 2007:

- *73% se referiam à violência praticada pelo marido.*
- *59% alegaram sofrer agressões diárias.*
- *70% sentem correr risco de espancamento ou morte.*
- *57% afirmaram que os agressores faziam uso de entorpecentes.*

Ao conhecer todos esses dados e pesquisas, vemos descortinar-se diante de nossos olhos a situação de milhares de lares que têm vivido sob um clima de violência doméstica.

Bruna Gasgon

E as pesquisas não falam somente da agressão de marido contra mulher, mas de pai contra filha, filho contra mãe, jovens contra idosas. Portanto, a violência intrafamiliar afeta meninas, jovens, adultas e até anciãs.

Dessa forma, o lar, que se supõe ser o lugar mais seguro, de acolhimento, de comunhão tem se tornado um lugar que oculta tristeza e dores. Muitas pessoas acreditam que ninguém deve intervir no que acontece entre quatro paredes e que a agressão, que acontece dentro de quatro paredes, é legal. Ou seja, entendendo por agressão todo ato cometido dentro da família por um de seus membros e que prejudica gravemente a vida, o corpo, a integridade psicológica e/ou a liberdade de outro membro da família.

A violência doméstica pode se manifestar por agressões físicas com golpes de diversas intensidades, com as mãos, com instrumentos ou armas; queimaduras; tentativa de enforcamento; abuso e violência sexual.

Aliás, a violência sexual é mais comum do que se supõe, mas as mulheres escondem esse fato por vergonha ou por acharem que seus maridos têm direitos sobre seus corpos.

Quantas mulheres são "estupradas" por seus próprios maridos? E as pessoas afirmam: "mas se ele é o marido não é estupro!" É sim!

A partir do momento em que, na tentativa de ter relações sexuais, a mulher disser "NÃO" ao companheiro, reagir e tentar impedi-lo, e este, apesar da negativa dela, usar de força e agressão física para conseguir o que deseja, fica então caracterizado o estupro.

A maioria das mulheres que é estuprada pelos maridos e companheiros não sabe de seus direitos nessa questão e acaba se conformando com a situação.

E existe também a violência psicológica, através de ofensas, xingamentos, ameaças, humilhação, restrição dos direitos por meio do controle sobre o que a mulher diz ou faz, desprezo, chantagem, privação material ou emocional, e, em casos extremos, pode-se chegar ao assassinato. Requer urgência o tratamento e a discussão desse tema ainda tão recorrente, por parte da sociedade, dos políticos, da polícia, das religiões, das organizações de defesa dos direitos da mulher e das autoridades competentes.

Muitas das conquistas sobre a questão da violência contra a mulher, inclusive as aprovadas por lei, ficaram somente no papel e não são respeitadas na prática.

A violência intrafamiliar contra a mulher, que as estatísticas demonstram ser elevadíssima, é encontrada em todos os níveis da sociedade e os filhos, cônjuges, pais ou familiares agressores podem ser ricos ou pobres, podem ser profissionais liberais, terem nível superior ou serem analfabetos, serem religiosos ou ateus. Muitas vezes, essas pessoas fora de casa são agradáveis, dóceis, solícitas, respeitadoras, membros de igrejas, mas altamente violentas em casa.

Exemplo claro e pior expressão da violência doméstica é a praticada contra a mulher por parte do marido, (*"homem meu igual, meu companheiro, e meu íntimo amigo"*). Esse ciclo de violência se manifesta inicialmente por meio do atrito e dos conflitos entre os cônjuges, com insultos e ameaças, sendo expresso por crescente insatisfação e hostilidade.

Inicialmente, a mulher tenta acalmar o companheiro, ou ao menos não fazer aquilo que pode aborrecer o marido; porém, a situação segue se deteriorando e ela se tornar incapaz de continuar "controlando" o padrão de comportamento hostil, culminando com a agressão por parte do marido (*"não é o inimigo que me afronta: se o fosse, eu o suportaria; nem é o que me odeia quem se exalta contra mim").*

Essa fase aguda termina quando o agressor realiza um ato violento, que produz uma redução física da tensão antes vivida. Ele se justifica e se arrepende, chora, ajoelha, pede perdão, trata de ajudar sua vítima, demonstra consideração e remorso com presentes e promessas de que aquilo não tornará a se repetir.

Cabe ressaltar que com o tempo prolongado de uma relação de maus tratos, as agressões vão se tornando mais frequentes e intensas, com maiores riscos para a mulher, e a conciliação se torna cada vez menor.

Quando diminui muito ou desaparece a conciliação, é o momento em que a mulher reconhece o companheiro como agressor, sente que tem um problema e busca ajuda. Até esse momento, pode haver transcorrido muitos anos, porque a maioria das mulheres que vive em situação de violência sente medo, acredita que os maridos vão mudar mesmo sem ter recebido qualquer tipo de ajuda, sente pena e culpa de abandonar o companheiro, depende financeiramente do marido e acha que sua identidade está ligada ao casamento.

Apesar de tais justificativas serem válidas e reais para grande parte das mulheres, a baixa autoestima, a falta de segurança em si mesma e a necessidade de afeto e valorização prevalecem, levando-as a suportar esse ciclo por vários anos sem procurar ajuda.

Embora eu não concorde de forma alguma, há quem afirme que as mulheres que sobrevivem à violência no dia a dia e permanecem na relação de maus tratos não são covardes, como pensam muitas pessoas, são, isso sim, muito valentes e forte a ponto de resistirem a tudo.

Essas mulheres necessitam de ajuda para recuperar a autoestima perdida, ou que nunca tiveram, já que é a melhor arma para proteger-se e adquirir autoconfiança. Elas necessitam de pessoas que entendam sua problemática sem questionamentos e preconceitos, sendo esse o primeiro passo para a recuperação e a cura.

Há séculos vemos essa realidade de mulheres queixando-se de viver em situação de violência por anos seguidos, filhos desajustados por terem vindo de lares violentos, maridos violentos que não sabem como sair da situação e prosseguem com atos agressivos.

É preciso uma ação urgente no desenvolvimento de trabalhos com famílias, ensinando a visão correta dos princípios sobre a família, sobre as leis e direitos humanos, dos direitos adquiridos pelas mulheres, ajuda a cônjuges e filhos vítimas de violência, como também ajuda aos agressores.

Você vive essa realidade e não sabe como sair dela? Já abandonou seu companheiro, mas acabou voltando por amor, pena ou medo? Ou ainda por acreditar em falsas promessas de que ele iria mudar?

Nunca conseguiu reagir por causa dos filhos e por não ter para onde ir ou como se sustentar?

Conheça seus direitos, saiba que existem delegacias da mulher especializadas somente para atender você e leia agora sobre a **lei** que te protege. Eu a transcrevi nesse capítulo para que você tenha acesso a todos os detalhes. Muitas mulheres nem sabem que essa **lei** existe.

Leia com atenção. Ela é bem longa, tem termos técnicos, palavras incomuns, mas não é necessário lê-la na íntegra e você pode se fixar apenas nos itens que mais lhe interessam ou que são importantes para alguma mulher que você deseja ajudar.

Lei nº 11.340, de 7 de agosto de 2006
(conhecida como lei maria da penha)

O PRESIDENTE DA REPÚBLICA

Faço saber que o Congresso Nacional decreta e eu sanciono a seguinte Lei:

Título I
Disposições Preliminares

Art. 1º Esta Lei cria mecanismos para coibir e prevenir a violência doméstica e familiar contra a mulher, nos termos do § 8º do art. 226 da Constituição Federal, da Convenção sobre a Eliminação de Todas as Formas de Violência contra a Mulher, da Convenção Interamericana para Prevenir, Punir e Erradicar a Violência contra a Mulher e de outros tratados internacionais ratificados pela República Federativa do Brasil; dispõe sobre a criação dos Juizados de Violência Doméstica e Familiar contra a Mulher; e estabelece medidas de assistência e proteção às mulheres em situação de violência doméstica e familiar.

Art. 2º Toda mulher, independentemente de classe, raça, etnia, orientação sexual, renda, cultura, nível educacional, idade e religião, goza dos direitos fundamentais inerentes à pessoa humana, sendo-lhe asseguradas as oportunidades e facilidades para viver sem violência, preservar sua saúde física e mental e seu aperfeiçoamento moral, intelectual e social.

Art. 3º Serão asseguradas às mulheres as condições para o exercício efetivo dos direitos à vida, à segurança, à saúde, à alimentação, à educação, à cultura, à moradia, ao acesso à justiça, ao esporte, ao lazer, ao trabalho, à cidadania, à liberdade, à dignidade, ao respeito e à convivência familiar e comunitária.

§ 1º O poder público desenvolverá políticas que visem garantir os direitos humanos das mulheres no âmbito das relações domésticas e familiares no sentido de resguardá-las de toda forma de negligência, discriminação, exploração, violência, crueldade e opressão.

§ 2º Cabe à família, à sociedade e ao poder público criar as condições necessárias para o efetivo exercício dos direitos enunciados no caput.

Art. 4º Na interpretação desta Lei, serão considerados os fins sociais a que ela se destina e, especialmente, as condições peculiares das mulheres em situação de violência doméstica e familiar.

Título II
Da Violência Doméstica e Familiar Contra a Mulher

Capítulo I
Disposições Gerais

Art. 5º Para os efeitos desta Lei, configura violência doméstica e familiar contra a mulher qualquer ação ou omissão baseada no gênero que lhe cause morte, lesão, sofrimento físico, sexual ou psicológico e dano moral ou patrimonial:

I — no âmbito da unidade doméstica, compreendida como o espaço de convívio permanente de pessoas, com ou sem vínculo familiar, inclusive as esporadicamente agregadas;

II — no âmbito da família, compreendida como a comunidade formada por indivíduos que são ou se consideram aparentados, unidos por laços naturais, por afinidade ou por vontade expressa;

III — em qualquer relação íntima de afeto, na qual o agressor conviva ou tenha convivido com a ofendida, independentemente de coabitação.

Parágrafo único. As relações pessoais enunciadas neste artigo independem de orientação sexual.

Art. 6º A violência doméstica e familiar contra a mulher constitui uma das formas de violação dos direitos humanos.

Capítulo II
Das Formas de Violência Doméstica e Familiar

Contra a Mulher

Art. 7º São formas de violência doméstica e familiar contra a mulher, entre outras:

I — a violência física, entendida como qualquer conduta que ofenda sua integridade ou saúde corporal;

II — a violência psicológica, entendida como qualquer conduta que lhe cause dano emocional e diminuição da auto-estima ou que lhe prejudique e perturbe o pleno desenvolvimento ou que vise degradar ou controlar suas ações, comportamentos, crenças e decisões, mediante ameaça, constrangimento, humilhação, manipulação, isolamento, vigilância constante, perseguição contumaz, insulto, chantagem, ridicularização, exploração e limitação do direito de ir e vir ou qualquer outro meio que lhe cause prejuízo à saúde psicológica e à autodeterminação;

III — a violência sexual, entendida como qualquer conduta que a constranja a presenciar, a manter ou a participar de relação sexual não desejada, mediante intimidação, ameaça, coação ou uso da força; que a induza a comercializar ou a utilizar, de qualquer modo, a sua sexualidade, que a impeça de usar qualquer método contraceptivo ou que a force ao matrimônio, à gravidez, ao aborto ou à prostituição, mediante coação, chantagem, suborno ou manipulação; ou que limite ou anule o exercício de seus direitos sexuais e reprodutivos;

IV — a violência patrimonial, entendida como qualquer conduta que configure retenção, subtração, destruição parcial ou total de seus objetos, instrumentos de trabalho, documentos pessoais, bens, valores e direitos ou recursos econômicos, incluindo os destinados a satisfazer suas necessidades;

V — a violência moral, entendida como qualquer conduta que configure calúnia, difamação ou injúria.

Título III
Da Assistência à Mulher em Situação de Violência Doméstica e Familiar

Capítulo I
Das Medidas Integradas de Prevenção

Art. 8º A política pública que visa coibir a violência doméstica e familiar contra a mulher far-se-á por meio de um conjunto articulado de ações da União, dos Estados, do Distrito Federal e dos Municípios e de ações não-governamentais, tendo por diretrizes:

I — a integração operacional do Poder Judiciário, do Ministério Público e da Defensoria Pública com as áreas de segurança pública, assistência social, saúde, educação, trabalho e habitação;

II — a promoção de estudos e pesquisas, estatísticas e outras informações relevantes, com a perspectiva de gênero e de raça ou etnia, concernentes às causas, às consequências e à freqüência da violência doméstica e familiar contra a mulher, para a sistematização de dados, a serem unificados nacionalmente, e a avaliação periódica dos resultados das medidas adotadas;

III — o respeito, nos meios de comunicação social, dos valores éticos e sociais da pessoa e da família, de forma a coibir os papéis estereotipados que legitimem ou exacerbem a violência doméstica e familiar, de acordo com o estabelecido no inciso III do art. 1º, no inciso IV do art. 3º e no inciso IV do art. 221 da Constituição Federal;

IV — a implementação de atendimento policial especializado para as mulheres, em particular nas Delegacias de Atendimento à Mulher;

V — a promoção e a realização de campanhas educativas de prevenção da violência doméstica e familiar contra a mulher, voltadas ao público escolar e à sociedade em geral, e a difusão desta Lei e dos instrumentos de proteção aos direitos humanos das mulheres;

VI — a celebração de convênios, protocolos, ajustes, termos ou outros instrumentos de promoção de parceria entre órgãos governamentais ou entre estes e entidades não-governamentais, tendo por objetivo a implementação de programas de erradicação da violência doméstica e familiar contra a mulher;

VII — a capacitação permanente das Polícias Civil e Militar, da Guarda Municipal, do Corpo de Bombeiros e dos profissionais pertencentes aos órgãos e às áreas enunciados no inciso I quanto às questões de gênero e de raça ou etnia;

VIII — a promoção de programas educacionais que disseminem valores éticos de irrestrito respeito à dignidade da pessoa humana com a perspectiva de gênero e de raça ou etnia;

IX — o destaque, nos currículos escolares de todos os níveis de ensino, para os conteúdos relativos aos direitos humanos, à eqüidade de gênero e de raça ou etnia e ao problema da violência doméstica e familiar contra a mulher.

Capítulo II
Da Assistência à Mulher em Situação de Violência Doméstica e Familiar

Art. 9º A assistência à mulher em situação de violência doméstica e familiar será prestada de forma articulada e conforme os princípios e as diretrizes previstos na Lei Orgânica da Assistência Social, no Sistema Único de Saúde, no Sistema Único de Segurança Pública, entre outras normas e políticas públicas de proteção, e emergencialmente quando for o caso.

§ 1º O juiz determinará, por prazo certo, a inclusão da mulher em situação de violência doméstica e familiar no cadastro de programas assistenciais do governo federal, estadual e municipal.

§ 2º O juiz assegurará à mulher em situação de violência doméstica e familiar, para preservar sua integridade física e psicológica:

I — acesso prioritário à remoção quando servidora pública, integrante da administração direta ou indireta;

II — manutenção do vínculo trabalhista, quando necessário o afastamento do local de trabalho, por até seis meses.

§ 3º A assistência à mulher em situação de violência doméstica e familiar compreenderá o acesso aos benefícios decorrentes do desenvolvimento científico e tecnológico, incluindo os serviços de contracepção de emergência, a profilaxia das Doenças Sexualmente Transmissíveis (DST) e da Síndrome da Imunodeficiência Adquirida (AIDS) e outros procedimentos médicos necessários e cabíveis nos casos de violência sexual.

Capítulo III
Do Atendimento pela Autoridade Policial

Art. 10. Na hipótese da iminência ou da prática de violência doméstica e familiar contra a mulher, a autoridade policial que tomar conhecimento da ocorrência adotará, de imediato, as providências legais cabíveis.

Parágrafo único. Aplica-se o disposto no caput deste artigo ao descumprimento de medida protetiva de urgência deferida.

Art. 11. No atendimento à mulher em situação de violência doméstica e familiar, a autoridade policial deverá, entre outras providências:

I — garantir proteção policial, quando necessário, comunicando de imediato ao Ministério Público e ao Poder Judiciário;

II — encaminhar a ofendida ao hospital ou posto de saúde e ao Instituto Médico Legal;

III — fornecer transporte para a ofendida e seus dependentes para abrigo ou local seguro, quando houver risco de vida;

IV — se necessário, acompanhar a ofendida para assegurar a retirada de seus pertences do local da ocorrência ou do domicílio familiar;

V — informar à ofendida os direitos a ela conferidos nesta Lei e os serviços disponíveis.

Art. 12. Em todos os casos de violência doméstica e familiar contra a mulher, feito o registro da ocorrência, deverá a autoridade policial adotar, de imediato, os seguintes procedimentos, sem prejuízo daqueles previstos no Código de Processo Penal:

I — ouvir a ofendida, lavrar o boletim de ocorrência e tomar a representação a termo, se apresentada;

II — colher todas as provas que servirem para o esclarecimento do fato e de suas circunstâncias;

III — remeter, no prazo de 48 (quarenta e oito) horas, expediente apartado ao juiz com o pedido da ofendida, para a concessão de medidas protetivas de urgência;

IV — determinar que se proceda ao exame de corpo de delito da ofendida e requisitar outros exames periciais necessários;

V — ouvir o agressor e as testemunhas;

VI — ordenar a identificação do agressor e fazer juntar aos autos sua folha de antecedentes criminais, indicando a existência de mandado de prisão ou registro de outras ocorrências policiais contra ele;

VII — remeter, no prazo legal, os autos do inquérito policial ao juiz e ao Ministério Público.

§ 1º O pedido da ofendida será tomado a termo pela autoridade policial e deverá conter:

I — qualificação da ofendida e do agressor;

II — nome e idade dos dependentes;

III — descrição sucinta do fato e das medidas protetivas solicitadas pela ofendida.

§ 2º A autoridade policial deverá anexar ao documento referido no § 1º o boletim de ocorrência e cópia de todos os documentos disponíveis em posse da ofendida.

§ 3º Serão admitidos como meios de prova os laudos ou prontuários médicos fornecidos por hospitais e postos de saúde.

Título IV
Dos Procedimentos

Capítulo I
Disposições Gerais

Art. 13. Ao processo, ao julgamento e à execução das causas cíveis e criminais decorrentes da prática de violência doméstica e familiar contra a mulher aplicar-se-ão as normas dos Códigos de Processo Penal e Processo Civil e da legislação específica relativa à criança, ao adolescente e ao idoso que não conflitarem com o estabelecido nesta Lei.

Art. 14. Os Juizados de Violência Doméstica e Familiar contra a Mulher, órgãos da Justiça Ordinária com competência cível e criminal, poderão ser criados pela União, no Distrito Federal e nos Territórios, e pelos Estados, para o processo, o julgamento e a execução das causas decorrentes da prática de violência doméstica e familiar contra a mulher.

Parágrafo único. Os atos processuais poderão realizar-se em horário noturno, conforme dispuserem as normas de organização judiciária.

Art. 15. É competente, por opção da ofendida, para os processos cíveis regidos por esta Lei, o Juizado:

I — do seu domicílio ou de sua residência;
II — do lugar do fato em que se baseou a demanda;
III — do domicílio do agressor.

Art. 16. Nas ações penais públicas condicionadas à representação da ofendida de que trata esta Lei, só será admitida a renúncia à representação perante o juiz, em audiência especialmente designada com tal finalidade, antes do recebimento da denúncia e ouvido o Ministério Público.

Art. 17. É vedada a aplicação, nos casos de violência doméstica e familiar contra a mulher, de penas de cesta básica ou outras de prestação pecuniária, bem como a substituição de pena que implique o pagamento isolado de multa.

Capítulo II
Das Medidas Protetivas de Urgência

Seção I
Disposições Gerais

Art. 18. Recebido o expediente com o pedido da ofendida, caberá ao juiz, no prazo de 48 (quarenta e oito) horas:

I — conhecer do expediente e do pedido e decidir sobre as medidas protetivas de urgência;

II — determinar o encaminhamento da ofendida ao órgão de assistência judiciária, quando for o caso;

III — comunicar ao Ministério Público para que adote as providências cabíveis.

Art. 19. As medidas protetivas de urgência poderão ser concedidas pelo juiz, a requerimento do Ministério Público ou a pedido da ofendida.

§ 1º As medidas protetivas de urgência poderão ser concedidas de imediato, independentemente de audiência das partes e de manifestação do Ministério Público, devendo este ser prontamente comunicado.

§ 2º As medidas protetivas de urgência serão aplicadas isolada ou cumulativamente, e poderão ser substituídas a qualquer tempo por outras de maior eficácia, sempre que os direitos reconhecidos nesta Lei forem ameaçados ou violados.

§ 3º Poderá o juiz, a requerimento do Ministério Público ou a pedido da ofendida, conceder novas medidas protetivas de urgência ou rever aquelas já concedidas, se entender necessário à proteção da ofendida, de seus familiares e de seu patrimônio, ouvido o Ministério Público.

Art. 20. Em qualquer fase do inquérito policial ou da instrução criminal, caberá a prisão preventiva do agressor, decretada pelo juiz, de ofício, a requerimento do Ministério Público ou mediante representação da autoridade policial.

Parágrafo único. O juiz poderá revogar a prisão preventiva se, no curso do processo, verificar a falta de motivo para que subsista, bem como de novo decretá-la, se sobrevierem razões que a justifiquem.

Art. 21. A ofendida deverá ser notificada dos atos processuais relativos ao agressor, especialmente dos pertinentes ao ingresso e à saída da prisão, sem prejuízo da intimação do advogado constituído ou do defensor público.

Parágrafo único. A ofendida não poderá entregar intimação ou notificação ao agressor.

Seção II
Das Medidas Protetivas de Urgência
que Obrigam o Agressor

Art. 22. Constatada a prática de violência doméstica e familiar contra a mulher, nos termos desta

Lei, o juiz poderá aplicar, de imediato, ao agressor, em conjunto ou separadamente, as seguintes medidas protetivas de urgência, entre outras:

I — suspensão da posse ou restrição do porte de armas, com comunicação ao órgão competente, nos termos da Lei nº 10.826, de 22 de dezembro de 2003;

II — afastamento do lar, domicílio ou local de convivência com a ofendida;

III — proibição de determinadas condutas, entre as quais:

    a) aproximação da ofendida, de seus familiares e das testemunhas, fixando o limite mínimo de distância entre estes e o agressor;

    b) contato com a ofendida, seus familiares e testemunhas por qualquer meio de comunicação;

    c) freqüentação de determinados lugares a fim de preservar a integridade física e psicológica da ofendida;

IV — restrição ou suspensão de visitas aos dependentes menores, ouvida a equipe de atendimento multidisciplinar ou serviço similar;

V — prestação de alimentos provisionais ou provisórios.

§ 1º As medidas referidas neste artigo não impedem a aplicação de outras previstas na legislação em vigor, sempre que a segurança da ofendida ou as circunstâncias o exigirem, devendo a providência ser comunicada ao Ministério Público.

§ 2º Na hipótese de aplicação do inciso I, encontrando-se o agressor nas condições mencionadas no caput e incisos do art. 6º da Lei nº 10.826, de 22 de dezembro de 2003, o juiz comunicará ao respectivo órgão, corporação ou instituição as medidas protetivas de urgência concedidas e determinará a restrição do porte de armas, ficando o superior imediato do agressor responsável pelo cumprimento da determinação judicial, sob pena de incorrer nos crimes de prevaricação ou de desobediência, conforme o caso.

§ 3º Para garantir a efetividade das medidas protetivas de urgência, poderá o juiz requisitar, a qualquer momento, auxílio da força policial.

§ 4º Aplica-se às hipóteses previstas neste artigo, no que couber, o disposto no caput e nos §§ 5º e 6º do art. 461 da Lei no 5.869, de 11 de janeiro de 1973 (Código de Processo Civil).

Seção III
Das Medidas Protetivas de
Urgência à Ofendida

Art. 23. Poderá o juiz, quando necessário, sem prejuízo de outras medidas:

I — encaminhar a ofendida e seus dependentes a programa oficial ou comunitário de proteção ou de atendimento;

II — determinar a recondução da ofendida e a de seus dependentes ao respectivo domicílio, após afastamento do agressor;

III — determinar o afastamento da ofendida do lar, sem prejuízo dos direitos relativos a bens, guarda dos filhos e alimentos;

IV — determinar a separação de corpos.

Art. 24. Para a proteção patrimonial dos bens da sociedade conjugal ou daqueles de propriedade particular da mulher, o juiz poderá determinar, liminarmente, as seguintes medidas, entre outras:

I — restituição de bens indevidamente subtraídos pelo agressor à ofendida;

II — proibição temporária para a celebração de atos e contratos de compra, venda e locação de propriedade em comum, salvo expressa autorização judicial;

III — suspensão das procurações conferidas pela ofendida ao agressor;

IV — prestação de caução provisória, mediante depósito judicial, por perdas e danos materiais decorrentes da prática de violência doméstica e familiar contra a ofendida.

PARÁGRAFO ÚNICO. Deverá o juiz oficiar ao cartório competente para os fins previstos nos incisos II e III deste artigo.

Capítulo III
Da Atuação do Ministério Público

Art. 25. O Ministério Público intervirá, quando não for parte, nas causas cíveis e criminais decorrentes da violência doméstica e familiar contra a mulher.

Art. 26. Caberá ao Ministério Público, sem prejuízo de outras atribuições, nos casos de violência doméstica e familiar contra a mulher, quando necessário:

I — requisitar força policial e serviços públicos de saúde, de educação, de assistência social e de segurança, entre outros;

II — fiscalizar os estabelecimentos públicos e particulares de atendimento à mulher em situação de violência doméstica e familiar, e adotar, de imediato, as medidas administrativas ou judiciais cabíveis no tocante a quaisquer irregularidades constatadas;

III — cadastrar os casos de violência doméstica e familiar contra a mulher.

Capítulo IV
Da Assistência Judiciária

Art. 27. Em todos os atos processuais, cíveis e criminais, a mulher em situação de violência doméstica e familiar deverá estar acompanhada de advogado, ressalvado o previsto no art. 19 desta Lei.

Art. 28. É garantido a toda mulher em situação de violência doméstica e familiar o acesso aos serviços de Defensoria Pública ou de Assistência Judiciária Gratuita, nos termos da lei, em sede policial e judicial, mediante atendimento específico e humanizado.

Título V
Da Equipe de Atendimento Multidisciplinar

Art. 29. Os Juizados de Violência Doméstica e Familiar contra a Mulher que vierem a ser criados poderão contar com uma equipe de atendimento multidisciplinar, a ser integrada por profissionais especializados nas áreas psicossocial, jurídica e de saúde.

Art. 30. Compete à equipe de atendimento multidisciplinar, entre outras atribuições que lhe forem reservadas pela legislação local, fornecer subsídios por escrito ao juiz, ao Ministério Público e à Defensoria Pública, mediante laudos ou verbalmente em audiência, e desenvolver trabalhos de orientação, encaminhamento, prevenção e outras medidas, voltados para a ofendida, o agressor e os familiares, com especial atenção às crianças e aos adolescentes.

Art. 31. Quando a complexidade do caso exigir avaliação mais aprofundada, o juiz poderá determinar a manifestação de profissional especializado, mediante a indicação da equipe de atendimento multidisciplinar.

Art. 32. O Poder Judiciário, na elaboração de sua proposta orçamentária, poderá prever recursos para a criação e manutenção da equipe de atendimento multidisciplinar, nos termos da Lei de Diretrizes Orçamentárias.

Título VI
Disposições Transitórias

Art. 33. Enquanto não estruturados os Juizados de Violência Doméstica e Familiar contra a Mulher, as varas criminais acumularão as competências cível e criminal para conhecer e julgar as causas decorrentes da prática de violência doméstica e familiar contra a mulher, observadas as previsões do Título IV desta Lei, subsidiada pela legislação processual pertinente.

Parágrafo único. Será garantido o direito de preferência, nas varas criminais, para o processo e o julgamento das causas referidas no caput.

Título VII
Disposições Finais

Art. 34. A instituição dos Juizados de Violência Doméstica e Familiar contra a Mulher poderá ser acompanhada pela implantação das curadorias necessárias e do serviço de assistência judiciária.

Art. 35. A União, o Distrito Federal, os Estados e os Municípios poderão criar e promover, no limite das respectivas competências:

I — centros de atendimento integral e multidisciplinar para mulheres e respectivos dependentes em situação de violência doméstica e familiar;

II — casas-abrigos para mulheres e respectivos dependentes menores em situação de violência doméstica e familiar;

III — delegacias, núcleos de defensoria pública, serviços de saúde e centros de perícia médico-legal especializados no atendimento à mulher em situação de violência doméstica e familiar;

IV — programas e campanhas de enfrentamento da violência doméstica e familiar;

V — centros de educação e de reabilitação para os agressores.

Art. 36. A União, os Estados, o Distrito Federal e os Municípios promoverão a adaptação de seus órgãos e de seus programas às diretrizes e aos princípios desta Lei.

Art. 37. A defesa dos interesses e direitos transindividuais previstos nesta Lei poderá ser exercida, concorrentemente, pelo Ministério Público e por associação de atuação na área, regularmente constituída há pelo menos um ano, nos termos da legislação civil.

PARÁGRAFO ÚNICO. O requisito da pré-constituição poderá ser dispensado pelo juiz quando entender que não há outra entidade com representatividade adequada para o ajuizamento da demanda coletiva.

Art. 38. As estatísticas sobre a violência doméstica e familiar contra a mulher serão incluídas nas bases de dados dos órgãos oficiais do Sistema de Justiça e Segurança a fim de subsidiar o sistema nacional de dados e informações relativo às mulheres.

PARÁGRAFO ÚNICO. As Secretarias de Segurança Pública dos Estados e do Distrito Federal poderão remeter suas informações criminais para a base de dados do Ministério da Justiça.

Art. 39. A União, os Estados, o Distrito Federal e os Municípios, no limite de suas competências e nos termos das respectivas leis de diretrizes orçamentárias, poderão estabelecer dotações orçamentárias específicas, em cada exercício financeiro, para a implementação das medidas estabelecidas nesta Lei.

Art. 40. As obrigações previstas nesta Lei não excluem outras decorrentes dos princípios por ela adotados.

Art. 41. Aos crimes praticados com violência doméstica e familiar contra a mulher, independentemente da pena prevista, não se aplica a Lei nº 9.099, de 26 de setembro de 1995.

Art. 42. O art. 313 do Decreto-Lei nº 3.689, de 3 de outubro de 1941 (Código de Processo Penal), passa a vigorar acrescido do seguinte inciso IV:

"**Art. 313.** ....

....

IV — se o crime envolver violência doméstica e familiar contra a mulher, nos termos da lei específica, para garantir a execução das medidas protetivas de urgência." (NR)

Art. 43. A alínea f do inciso II do art. 61 do Decreto-Lei nº 2.848, de 7 de dezembro de 1940 (Código Penal), passa a vigorar com a seguinte redação:

"**Art. 61.** ....

....

II — ....

f) com abuso de autoridade ou prevalecendo-se de relações domésticas, de coabitação ou de hospitalidade, ou com violência contra a mulher na forma da lei específica;

...." (NR)

Art. 44. O art. 129 do Decreto-Lei nº 2.848, de 7 de dezembro de 1940 (Código Penal), passa a vigorar com as seguintes alterações:

"**Art. 129.** ....

....

§ 9º Se a lesão for praticada contra ascendente, descendente, irmão, cônjuge ou companheiro, ou com quem conviva ou tenha convivido, ou, ainda, prevalecendo-se o agente das relações domésticas, de coabitação ou de hospitalidade:

Pena — detenção, de 3 (três) meses a 3 (três) anos.

....

§ 11. Na hipótese do § 9º deste artigo, a pena será aumentada de um terço se o crime for cometido contra pessoa portadora de deficiência." (NR)

Art. 45. O art. 152 da Lei nº 7.210, de 11 de julho de 1984 (Lei de Execução Penal), passa a vigorar com a seguinte redação:

"**Art. 152.** ....

Parágrafo único. "Nos casos de violência doméstica contra a mulher, o juiz poderá determinar o comparecimento obrigatório do agressor a programas de recuperação e reeducação." (NR)

Art. 46. Esta Lei entra em vigor 45 (quarenta e cinco) dias após sua publicação.

Brasília, 07 de agosto de 2006; 185º da Independência e 118º da República.

Luiz Inácio Lula da Silva

Por que essa LEI surgiu e quem é Maria da Penha?

Maria da Penha Maia Fernandes é uma bio farmacêutica brasileira que lutou para que seu agressor viesse a ser condenado. Com mais de 60 anos e três filhas, hoje ela é líder de movimentos de defesa dos direitos das mulheres, vítima emblemática da violência doméstica.

Em 07 de agosto de 2006, foi sancionada pelo presidente do Brasil, Luiz Inácio Lula da Silva, a Lei Maria da Penha, na qual há aumento no rigor das punições às agressões contra a mulher, quando ocorridas no ambiente doméstico ou familiar.

Em 1983, seu ex-marido, o professor universitário colombiano Marco Antonio Heredia Viveros, tentou matá-la duas vezes. Na primeira vez, atirou contra ela simulando um assalto, e, na segunda, tentou eletrocutá-la. Por conta das agressões sofridas, Penha ficou paraplégica. Nove anos depois, seu agressor foi condenado a oito anos de prisão. Por meio de recursos jurídicos, ficou preso por dois anos. Solto em 2002, hoje está livre.

O episódio chegou à Comissão Interamericana dos Direitos Humanos da Organização dos Estados Americanos (OEA) e foi considerado, pela primeira vez na história, um crime de violência doméstica. Hoje, Penha é coordenadora de estudos da Associação de Estudos, Pesquisas e Publicações da Associação de Parentes e Amigos de Vítimas de Violência (APA-VV), no Ceará. Estava presente à cerimônia de sanção da lei brasileira, que leva seu nome, junto aos demais ministros e representantes de movimentos feministas.

A nova lei reconhece a gravidade dos casos de violência doméstica e retira dos juizados especiais criminais (que julgam crimes de menor potencial ofensivo) a competência para julgá-los. Em artigo publicado em 2003, a advogada Carmem Campos apontava os vários deficits dessa prática jurídica, que, na maioria dos casos, gerava arquivamento massivo dos processos, insatisfação das vítimas e banalização da violência doméstica.

ENTREVISTA COM MARIA DA PENHA

Por Daniella Dolme, do site Última Instância
(UOL) em 09/08/09

Conheça um pouco mais sobre a vida da ativista que até hoje luta pelo cumprimento do direito das mulheres, atuando como colaboradora de honra na Coordenadoria da Mulher da Prefeitura de Fortaleza.

ÚLTIMA INSTÂNCIA — **Como a senhora decidiu que deveria lutar pelos direitos das mulheres vítimas de agressão doméstica?**

MARIA DA PENHA — A minha luta começou a partir do momento que eu fui agredida mortalmente, em 1986. Eu comecei a buscar Justiça e então a decepção com o poder judiciário fez com que eu permanecesse vinte anos em prol da condenação do meu agressor. Eu me senti vítima pela lentidão com que tudo aconteceu na Justiça. Mas as coisas mudaram depois que conseguimos denunciar o Brasil no Comitê Interamericano de Direitos Humanos por negligência no tratamento da violência doméstica no país.

Última Instância — **Por que o julgamento demorou tanto?**

Maria da Penha — A Justiça se usou de artifícios protelatórios para que o crime chegasse à prescrição e sobre isso o país vai ter que responder também internacionalmente.

Última Instância — **Como foi o processo da denúncia no Comitê Interamericano?**

Maria da Penha — Bem, na minha luta por Justiça tive a sorte de encontrar em determinado momento um representante do CeJil (Centro pela Justiça e pelo Direito Internacional), que analisou o meu processo e então nós decidimos juntos denunciar o Brasil.

Última Instância — **Sobre a sua história, como aconteceu a primeira agressão por parte de seu marido?**

Maria da Penha — As agressões do meu marido eram agressões psicológicas. As agressões físicas, elas existiam mais em relação aos meus filhos, como uma maneira de me atingir diretamente. E só não acontecia uma agressão muito diretamente a minha pessoa, porque eu conseguia driblar esses momentos. Mas a minha vida era um tormento, como é a vida de muitas mulheres do país que ainda convivem com seus agressores.

Última Instância — **Houve algum indício de violência antes do casamento?**

Maria da Penha — Não, nenhum. Nenhum indício. Eu me casei porque ele era uma pessoa querida demais pelos amigos, pelos meus amigos também. Era uma pessoa assim de bons tratos. Mostrava-se educado, muito compreensivo. Uma pessoa companheira.

Última Instância — **Depois de quanto tempo ele começou a mostrar um comportamento diferente?**

Maria da Penha — Esse indício [de agressividade] só começou a se apresentar depois de quatro ou cinco anos de casada. Depois do nascimento da minha segunda filha, quando ele obteve a naturalização, porque ele era estudante de origem colombiana.

Aliás, o casamento foi importantíssimo para que ele se naturalizasse brasileiro. A partir daí que ele mostrou a sua verdadeira face.

ÚLTIMA INSTÂNCIA — **Houve uma tentativa de homicídio. Como a situação chegou a esse ponto?**

MARIA DA PENHA — Eu estava dormindo e acordei com um tiro que foi dado nas minhas costas e que quase me levou à morte. Eu não sabia, eu pensei que tivesse sido ele, mas essa idéia foi desfeita quando eu soube que a versão dada para esse tiro que recebi tinha sido uma tentativa de assalto. Essa versão foi dada pelo meu agressor. Somente cinco meses depois disso, quando eu voltei pra casa do hospital, foi aí que eu tomei conhecimento, através de outras pessoas que já estavam sabendo, que ele havia simulado o assalto para que parecesse crime premeditado.

ÚLTIMA INSTÂNCIA — **Depois houve uma segunda tentativa.**

MARIA DA PENHA — Sim. Quando eu voltei do hospital, depois de passar quatro ou cinco meses hospitalizada, ele foi me buscar e me levou para casa, dizendo que a partir daquele momento não queria que nenhum familiar ou amigo interferisse na nossa vida. Então, nesse período eu fiquei em cárcere privado, durante quinze dias, que foi quando ocorreu a segunda tentativa de homicídio. Quando ele propositadamente danificou o chuveiro elétrico e eu percebi ao entrar no banheiro que estava dando choque. Eu gritei pela moça que morava comigo, e ela me acudiu e me tirou do banho.

Última Instância — **A senhora perguntava o porquê da violência gratuita? O que ele dizia?**
Maria da Penha — Para ele, não precisava argumento, era simplesmente querer. Se ele acordava de mau humor já começava agredindo. Se ele chegava de mau humor, já chegava agredindo. Muitas vezes eu pedi para me separar, ele nunca aceitou.

Última Instância — **E por que a senhora nunca chegou a denunciá-lo?**
Maria da Penha — Denunciar onde?

Última Instância — **Depois de 19 anos, seu ex-marido finalmente foi condenado a 10 anos de reclusão, mas só ficou preso por dois anos. Foi uma condenação justa?**

Maria da Penha — Esse fato não compete a mim falar. O que eu gostaria de dizer é que independente de ele ter cumprido dois anos, só dois anos, e estar hoje em liberdade, o importante é que a lei trouxe a intenção de proteger a mulher a partir desse caso.

Última Instância — **Depois da lei, por que muitas mulheres continuam não denunciando?**

Maria da Penha — Hoje, com a lei, você vê que muitas mulheres estão denunciando sim, mas onde a lei funciona. Por que de que adianta você não ter uma delegacia da mulher, não ter um centro que lhe apóie ou um movimento de mulher? Alguma coisa, uma promotoria que entenda sobre a lei e que acolha essa mulher? Qual é a mulher que vai denunciar se não tem os equipamentos da lei para protegê-la?

Última Instância — **Muitas delas ainda têm muito medo. Para incentivá-las a denunciar, o que deveria ser feito?**

Maria da Penha — Claro, o papel da sociedade, o papel dos movimentos sociais, o papel das instituições que acreditam na lei, que estão aplicando a lei, têm esse papel de informar as mulheres que elas agora têm direto. Direito de viver sem violência. E são eles que devem mostrar o caminho para que elas possam adquirir isso. O papel da imprensa é muito importante. É preciso que as escolas, as empresas onde elas trabalham, as casas onde elas trabalham, as pessoas em geral que têm conhecimento sobre a lei, que repassem as informações para elas.

Última Instância — **Em alguns casos, a mulher denuncia e não obtém resposta por parte da Justiça. Como esse processo entre a vítima, o agressor e as autoridades poderia ser melhorado?**

Maria da Penha — Pois é. É exatamente esse movimento de mulheres da sua cidade, de estar denunciando, colocando isso na imprensa. Dizendo que aquele município não tem a estrutura para atender a mulher vítima de violência e que precisa de atenção. Ela tem que ligar pro 180, que é um telefone gratuito da Secretaria de Políticas Especiais para as Mulheres, e colocar essa informação, denunciar essa informação.

Última Instância — **Qual é o momento em que a mulher se dá conta de que a situação chegou ao limite?**

Maria da Penha — Quando ela decide ir a uma delegacia. É a gota d'água.

Última Instância — **E quando foi a gota d'água na sua história?**

Maria da Penha — Não existia nada na época em que eu fui agredida, então eu não percebi esse momento. Eu sabia que tinha que sair da relação, e procurei pelos meios que existiam, de conversar e levar a um advogado, mas eu não consegui nada porque ele sempre recusou a separação.

Querida leitora, você se identificou com alguma das coisas que acabou de ler nesse capítulo?

Conhece alguém que precisa de ajuda e não sabe o que fazer?

Denuncie. Peça ajuda. Tome uma atitude.

Ligue para **180**: *Central de Atendimento à Mulher* da Secretaria Especial de Políticas para as Mulheres (Presidência da República).

Este serviço é gratuito e está disponível 24 horas todos os dias, inclusive aos sábados, domingos e feriados.

Boa sorte.

CAPÍTULO 9
A Quarta Jornada

Além de tudo o que a mulher faz em sua vida, ainda lhe sobra tempo e energia para a Quarta Jornada. Mas o que é a Quarta Jornada?

É o trabalho voluntário, é a questão da cidadania, é quando você dedica seu tempo, sua energia, seu dinheiro e mesmo seu trabalho profissional àqueles que não tiveram as mesmas oportunidades que você.

É quando, mesmo sendo você uma mulher que não teve essas oportunidades, ainda assim consegue achar recursos para melhorar a vida de outras pessoas.

Bruna Gasgon

É pensar nas melhorias em seu bairro, em sua cidade, em seu país e no planeta.

É simplesmente escutar alguém que precisa desabafar.

É quando você entende que, se não fizer alguma, coisa ninguém mais o fará.

É quando você não espera as autoridades tomarem providências e você mesma toma a dianteira.

É reciclar o lixo que você produz.

É recolher o cocô que seu cachorro faz na rua.

É não jogar papel pela janela do carro.

É se engajar em organizações sérias que fazem a diferença na vida das pessoas.

É lutar contra todo tipo de preconceito, inclusive os que você ainda tem.

É estar disponível quando alguém precisar de qualquer tipo de ajuda.

É exercitar a paciência, a generosidade e a tolerância.

É não alimentar a pirataria, resistindo à tentação de comprar produtos não originais.

O piloto Ayrton Senna fazia um trabalho espetacular com boa parte do dinheiro que ganhava, e proibia as pessoas envolvidas de divulgarem esse trabalho. Ele ajudava anonimamente e, quando morreu, tudo veio à tona.

Depois do sucesso, da fama e da fortuna, ele sentia-se abençoado e fez um acordo com sua irmã Viviane, então psicóloga: se caso ele morresse antes dela, ou se algo lhe acontecesse nas pistas, ele queria que ela fundasse uma instituição para ajudar no desenvolvimento pessoal e profissional de jovens estudantes. Em 1º de maio de 1994, como todos sabem, ele sofreu um fatal acidente no circuito de Ímola, na Itália.

Atendendo ao seu pedido, Viviane largou seu consultório e fundou o Instituto Ayrton Senna, e junto com sua mãe, que nunca havia trabalhado, está à frente desse maravilhoso trabalho. Todo o patrimônio do piloto, assim como todo o dinheiro gerado pelos produtos que levam a marca Senna, vão direto para o Instituto e ajudam milhares de jovens em todo o Brasil. E agora eu pergunto: onde será que Viviane tem mais prazer em trabalhar? Em seu consultório como psicóloga, ou no Instituto Ayrton Senna?

Também é muito conhecido o caso de Lucinha Araújo, mãe do cantor Cazuza, morto em decorrência de problemas de saúde depois de contrair o vírus HIV nos anos oitenta.

Ela fundou a Sociedade Viva Cazuza, que educa e ampara crianças portadoras do vírus. O trabalho começou custeado pelos direitos autorais das canções de Cazuza e, além deles, Lucinha ainda conta com a colaboração de empresas privadas interessadas na causa.

Aí você vai dizer: "mas esses exemplos demonstram que essas pessoas só se engajaram após sofrerem perdas de entes queridos." E eu respondo que isso não importa, e, mesmo que a trajetória delas tenha se dado através da dor, isso não tira o mérito de seus feitos. Mas sua trajetória, cara leitora, pode ser através do amor. Você não precisa que nada de ruim aconteça em sua vida para começar a fazer alguma coisa por outras pessoas.

A Quarta Jornada é muito simples de ser exercida, basta você entender como pode colaborar.

O que acha de começar agora?

CAPÍTULO 10
A absurda Cronologia do Direito Feminino

A duras penas a mulher tem conquistado seus direitos, que, como seres humanos, já eram delas por natureza desde que nasceram, assim como dos homens. Mas infelizmente a sociedade machista e patriarcalista a colocou em situação de inferioridade, como você já teve a oportunidade de ler em outros capítulos.

Convido você a acompanhar passo a passo a humilhante, porém importante trajetória do Direito Feminino, que até hoje, no século XXI, ainda não é respeitado. Em muitos casos, o preconceito faz parecer que ele nunca existiu.

Em minha opinião, nessa questão nós damos três passos para a frente e forças ocultas nos fazem dar cinco para trás.

As informações que você vai ler agora são reais e históricas e ao lado de algumas delas, entre parênteses, eu não resisti e coloquei minha "opinião pessoal" com as letras *NA* no final, que, para sua informação, significam *Nota da Autora*.

Vamos viajar no tempo:

SÉCULO **XVIII**

1792 – INGLATERRA

A feminista inglesa Mary Wollstonecraft escreve um dos grandes clássicos da literatura feminista — *A Reivindicação dos Direitos da Mulher* — no qual defendia uma educação para meninas que aproveitasse seu potencial humano.

SÉCULO **XIX**

1827 – BRASIL

Surge a primeira lei sobre a educação das mulheres, permitindo que frequentassem as escolas elementares. As instituições de ensino mais adiantado eram proibidas a elas (*que absurdo! NA*).

1832 – BRASIL

A escritora brasileira Nísia Floresta, do Rio Grande do Norte, defendia mais educação e uma posição social mais alta para as mulheres. Lança uma tradução livre da obra pioneira da feminista inglesa Mary Wollstonecraft. Inspirada nessa obra, Nísia escreve *Direitos das mulheres e injustiça dos homens*. Mas Nísia não fez uma simples tradução: ela se utiliza do texto da inglesa e introduz suas próprias reflexões sobre a realidade brasileira. É por isso considerada a primeira feminista brasileira e latino-americana (*o que ela fez foi incrível para sua época, e mesmo assim ninguém sabe nada sobre ela. NA*).

1857 – EUA

No dia 08 de março, em uma fábrica têxtil, em Nova Iorque, 129 operárias morrem queimadas numa ação policial porque reivindicaram a redução da jornada de trabalho de 14 para 10 horas diárias e o direito à licença maternidade. Mais tarde foi instituído o Dia Internacional da Mulher, 8 de março, em homenagem a essas mulheres (*todas as mulheres sabem que existe um dia em homenagem a elas, mas a maioria não sabe que ele se originou em uma tragédia. NA*).

1879 – BRASIL

As mulheres têm autorização do governo para estudar em instituições de ensino superior, mas as que seguiam esse caminho eram criticadas pela sociedade (*como se não bastasse precisar que o governo permitisse que as mulheres fizessem faculdade, as que "ousassem" sofriam preconceito. Graças a Deus que existem mulheres que quebram paradigmas. NA*).

1893 – NOVA ZELÂNDIA

Pela primeira vez no mundo, as mulheres têm direito ao voto *(nunca entendi por que não podíamos votar! NA)*.

SÉCULO XX

1917 – BRASIL

A professora Deolinda Daltro, fundadora do Partido Republicano Feminino em 1910, lidera uma passeata exigindo a extensão do voto às mulheres *(como eu queria ter conhecido essa mulher! É outra incrível anônima. NA).*

Anos 20

1920 – EUA

Sufrágio feminino – o direito da mulher ao voto *(felizes das americanas. NA).*

1922 – Brasil

Bertha Lutz, Zoóloga e Secretária do Museu Nacional do Rio de Janeiro, funda a Federação Brasileira para o Progresso Feminino.

1928 – Brasil

O governador do Rio Grande do Norte, Juvenal Lamartine, consegue uma alteração da lei eleitoral dando o direito de voto às mulheres. Elas foram às ruas, mas seus votos foram anulados. No entanto, foi eleita a primeira prefeita da história do Brasil: Alzira Soriano de Souza, no município de Lages. (RN) *(você já ouviu falar dessa prefeita? NA).*

Anos 30
1932 – Brasil

Getúlio Vargas promulga o novo Código Eleitoral, garantindo finalmente o direito de voto às mulheres brasileiras *(demorou!! NA)*.

1937/1945 – Brasil

O Estado Novo criou o Decreto 3199, que proibia às mulheres a prática dos esportes que considerava incompatíveis com as condições femininas, tais como: "luta de qualquer natureza, futebol de salão, futebol de praia, pólo, pólo aquático, halterofilismo e beisebol". O decreto só foi regulamentado em 1965 (*Estado Novo, Cabeça Velha. NA*).

Anos 40
1945

A igualdade de direitos entre homens e mulheres é reconhecida em documento internacional, através da Carta das Nações Unidas (*lá se vão quase setenta anos de mentiras, pois essa igualdade ainda não existe na prática, só no papel. NA*).

1949

São criados os Jogos da Primavera, ou ainda "Olimpíadas Femininas". No mesmo ano, a filósofa francesa Simone de Beauvoir publica o livro *O segundo sexo*, no qual analisa a condição feminina *(quando é preciso o livro de uma pessoa desse porte para analisar a condição de alguém ou de alguma coisa, é porque a situação é trágica. NA).*

Anos 50

1951

Aprovada pela Organização Internacional do Trabalho a igualdade de remuneração entre trabalho masculino e feminino para função igual. (*hahahahahahahahaha, que piada, só rindo. Até hoje, ano de 2012, isso não foi colocado em prática. NA*).

Anos 60

1962 — Brasil

Sancionado, no dia 27 de agosto, o Estatuto da Mulher casada, que garantiu, entre outras coisas, que a mulher não precisava mais de autorização do marido para trabalhar, receber herança e que, em caso de separação, ela poderia requerer a guarda dos filhos *(que humilhação, my God, é a Pré-história. NA).*

ANOS 70

1975 – ARGENTINA

Ano Internacional da Mulher. A ONU promove a 1ª Conferência Mundial sobre a Mulher, na Cidade do México. Na ocasião, é criado um Plano de Ação *(lógico, se não criassem um "plano", nada aconteceria. NA).*

1979 – BRASIL

Eunice Michilles, então representante do PSD/AM, torna-se a primeira mulher a ocupar o cargo de senadora, por falecimento do titular da vaga *(você percebeu que ela só se tornou senadora por que o titular, que era um homem, MORREU? NA).*

A equipe feminina de judô inscreve-se com nomes de homens no campeonato sul-americano da Argentina. Esse fato motivaria a revogação do Decreto 3.199 *(para conseguir fazer o que gostava, a mulher tinha que se passar por homem. NA).*

Anos 80

1980 – Brasil

Recomendada a criação de centros de autodefesa, para coibir a violência doméstica contra a mulher. Surge o lema "Quem ama não mata" *(que clichê ridículo! NA)*.

1983 – Brasil

Surgem os primeiros conselhos estaduais da condição feminina (MG e SP), para traçar políticas públicas para as mulheres.

O Ministério da Saúde cria o Programa de Atenção Integral à Saúde da Mulher *(*PAISM), em resposta à forte mobilização dos movimentos feministas, baseando sua assistência nos princípios da integralidade do corpo, da mente e da sexualidade de cada mulher *(é, cara leitora, nossas antepassadas bem que tentaram. NA)*.

1985 – Brasil

Surge a primeira Delegacia de Atendimento Especializado à Mulher (DEAM) (SP) e muitas são implantadas em outros estados brasileiros. Nesse mesmo ano, com a Nova República, a Câmara dos Deputados aprova o projeto de lei que criou o Conselho Nacional dos Direitos da Mulher.

1985 – Nações Unidas
É criado o Fundo de Desenvolvimento das Nações Unidas para a Mulher (Unifem), em lugar do antigo Fundo de Contribuições Voluntárias das Nações Unidas para a Década da Mulher.

1987 – Brasil
Criação do Conselho Estadual dos Direitos da Mulher do Rio de Janeiro (CEDIM/RJ), a partir da reivindicação dos movimentos de mulheres, para assessorar, formular e estimular políticas públicas para a valorização e a promoção feminina.

1988 – Brasil
Através do "lobby do batom", liderado por feministas e pelas 26 deputadas federais constituintes, as mulheres obtêm importantes avanços na Constituição Federal, garantindo igualdade de direitos e obrigações entre homens e mulheres

perante a lei *(é claro que isso também só vale no papel. NA).*

Anos 90

1993

Ocorre, em Viena, a Conferência Mundial de Direitos Humanos. Os direitos das mulheres e a questão da violência de gênero recebem destaque, gerando, assim, a Declaração sobre a Eliminação da Violência Contra a Mulher (gente, *cadê a eliminação da violência? NA).*

1996 – Brasil

O Congresso Nacional inclui o sistema de cotas na Legislação Eleitoral, obrigando os partidos a inscrever, no mínimo, 20% de mulheres nas chapas proporcionais *(sentiu o peso da palavra "obrigando"? Mais uma humilhação. NA).*

Século XXI

2006

Sancionada a **Lei Maria da Penha.** Dentre as várias mudanças, a lei aumenta o rigor nas punições das agressões contra a mulher (*essa* *maravilhosa LEI é muito séria e começa a ser posta em prática de verdade, e infelizmente também foi criada a partir de uma tragédia. Só que os agressores se livram com muita facilidade das punições e apenas pagam cestas básicas. Eu a reproduzi na íntegra no capítulo 8. NA).*

O Parlamento Paquistanês aprova mudança na lei islâmica sobre o estupro: a lei exigia que uma mulher estuprada apresentasse como testemunhas quatro homens considerados "bons muçulmanos" ou, caso contrário, enfrentaria acusações de adultério. A nova lei tira esse crime da esfera das leis religiosas e o inclui no código penal (*com todo o respeito aos muçulmanos, eu não sei se choro ou dou risada. NA).*

Querida leitora, se você pensar bem, as conquistas da mulher foram mínimas, demoraram, foram sabotadas, não são respeitadas até hoje e o preconceito ainda é enorme.

Mas merecem parabéns as mulheres que lutaram por tudo isso, que foram pioneiras, que sofreram, que se expuseram, que deram suas vidas para lutar por direitos que já eram delas, a partir do momento que são pessoas, seres humanos. E que infelizmente ficaram anônimas ou foram esquecidas.

Se eu fosse homem, morreria de vergonha de ler essa cronologia.

CONCLUSÃO:
Mulheres são seres muito especiais, mas têm um grande defeito

Quando Deus fez a mulher, já estava em seu sexto dia de trabalho, fazendo horas extras. Um anjo apareceu e Lhe disse: "Por que leva tanto tempo nisto?"

E o Senhor respondeu: "Já viu a minha ficha de especificações para ela?"

"Deve ser completamente lavável, mas sem ser de plástico, ter mais de duzentas peças móveis e ser capaz de funcionar com uma dieta de qualquer coisa, até sobras, ter um colo que possa acomodar quatro crianças ao mesmo tempo, ter um beijo que possa curar desde um joelho arranhado até um coração partido e fará tudo isto somente com duas mãos."

O anjo se maravilhou com as especificações. "Somente duas mãos? Impossível! E este é somente o modelo básico? É muito trabalho para um dia Senhor. Espere até amanhã para terminá-la."

"Isso, não", protestou o Senhor. "Estou muito perto de terminar esta criação, que é a favorita de Meu próprio coração. Ela se cura sozinha quando está doente e pode trabalhar jornadas de até dezoito horas."

O anjo se aproximou mais e tocou a mulher. "Mas o Senhor a fez tão suave."

"É suave". disse Deus, "mas a fiz também forte. Você não tem ideia do que pode aguentar ou conseguir!"

"Será capaz de pensar?" perguntou o anjo.

Deus respondeu: "Não somente será capaz de pensar, mas também de raciocinar e de negociar".

O anjo então notou algo e, estendendo a mão, tocou a bochecha da mulher.

"Senhor, parece que este modelo tem um vazamento."

"Eu lhe disse que estava colocando muita coisa nela e isso não é nenhum vazamento, é uma lágrima", corrigiu o Senhor.

"Para que serve a lágrima", perguntou o anjo.

Deus disse: "As lágrimas são sua maneira de expressar seu destino, sua pena, seu desengano, seu amor, sua solidão, seu sofrimento e seu orgulho."

Isto impressionou muito o anjo: "O Senhor é um gênio, pensou em tudo. A mulher é verdadeiramente maravilhosa."

Sim, é! A mulher tem forças que maravilham os homens.

Aguentam dificuldades, levam grandes cargas, mas têm felicidade, amor e alegria. Sorriem quando querem gritar. Cantam quando querem chorar, choram quando estão felizes e riem quando estão nervosas.

Lutam pelo que creem. Enfrentam a injustiça. Não aceitam "não" como resposta quando acreditam que há uma solução melhor. Privam-se para que a sua família possa ter. Vão ao médico com uma amiga que tem medo de ir.

Amam incondicionalmente.

Choram quando seus filhos triunfam e se alegram quando seus amigos ganham prêmios. Ficam felizes quando ouvem sobre um nascimento ou um casamento.

Seu coração se parte quando morre uma amiga. Sofrem com a perda de um ente querido; entretanto, são fortes quando pensam que já não há mais forças.

Sabem que um beijo e um abraço podem ajudar a curar um coração partido.

Entretanto, há um grande defeito na mulher: **Ela se esquece do quanto vale.**

Bruna Gasgon

Querida leitora, passe esta mensagem as suas filhas, as suas netas, a sua mãe, as suas irmãs e amigas para lembrá-las do quanto elas são maravilhosas, fortes, importantes para a vida da família e da humanidade. E passe também aos homens que você conhece, porque às vezes eles necessitam ser lembrados disso.

Espero que as páginas desse livro possam ter feito você refletir sobre todas as questões abordadas e que isso possa influenciar de forma positiva sua vida e a vida das mulheres com as quais você vai trocar informações.

Exija respeito em tudo o que fizer, nos trabalhos domésticos e nos profissionais, e jamais permita que um homem sequer levante a mão para você.

Beijos,

BRUNA GASGON

Impressão Neo Graf